STEFAN LIMMER

Himmlisch lieben und göttlich vögeln

arkana

STEFAN LIMMER

Himmlisch lieben & göttlich vögeln

Rituale und Seelenreisen für Vertrauen und Hingabe

arkana

MIX
Papier aus verantwortungsvollen Quellen
FSC® C083411

Verlagsgruppe Random House FSC® N001967

1. Auflage
Deutsche Erstausgabe

Arkana, München
in der Verlagsgruppe Random House GmbH,
Neumarkter Str. 28, 81673 München
Lektorat: Christian Wolf
Umschlaggestaltung: Uno Werbeagentur, München
Umschlagmotiv: FinePic®, München
Satz: Uhl + Massopust, Aalen
Druck und Bindung: CPI books GmbH, Leck

ISBN 978-3-442-34201-3

www.arkana-verlag.de

Inhaltsverzeichnis

Liebe Leserin, lieber Leser,

»Kennen Sie eine oder sogar mehrere Beziehungen in Ihrem Umfeld, die Sie als wirklich dauerhaft glücklich beschreiben würden?« Diese Frage wird in meinen Vorträgen und Seminaren von praktisch allen Menschen mit einem betretenen Kopfschütteln beantwortet.

Aber wer wünscht sich das nicht? Auch nach Jahren neben seinem Partner mit Schmetterlingen im Bauch aufzuwachen und sich wie im siebten Himmel zu fühlen. Wirklich guten Sex zu haben mit gigantischen Orgasmen und der Fähigkeit, sich voll und ganz mit seinem Partner zu verschmelzen. Gemeinsam glücklich durch das Leben zu gehen. Die große Liebe zu finden und in all seinen Begegnungen Erfüllung zu erfahren.

Leider sieht die Realität ganz anders aus: In Deutschland wird jede dritte Ehe geschieden. Viele Paare gehen nach mehr oder weniger langer gemeinsamer Zeit enttäuscht und frustriert auseinander. Das wunderbare Gefühl der Anfangszeit hat sich in nichts aufgelöst. Stattdessen nagen Gefühle der Enttäuschung und des Frustes an uns, von Liebe ist weit und breit nichts mehr zu finden.

Mit der wahren Liebe verhält es sich wie
mit Geistererscheinungen: Alle Welt redet davon,
aber nur wenige haben sie gesehen.

François de La Rochefoucauld,
französischer Schriftsteller (1613–1680)

Aber warum ist das so? Warum starten wir alle mit einer riesigen Erwartung an den »Traumpartner« in Beziehungen und suchen nach der großen Liebe, die uns in den siebten Himmel katapultiert? Und warum landen wir so oft in Enttäuschung, Streit, ja sogar Hass, bestenfalls noch in einer frustrierenden Beziehung, die nur durch die Gewohnheit und die Angst vor dem Alleinsein getragen wird? Warum tun wir uns oft so schwer, Beziehungen zu anderen Menschen so zu gestalten, dass daraus wirklich glückselige, tiefe Begegnungen werden?

In fünf Schritten klärt das Buch all diese Fragen, führt uns durch die Welt der Beziehungen, räumt auf mit falschen Erwartungen und Illusionen, die wir mit uns herumtragen, und zeigt Wege auf, um echte, tiefe Erfüllung in Beziehungen, der Liebe und der Sexualität zu erfahren.

Schritt 1: Wir klären, was Beziehungen überhaupt sind und worin die häufigsten tiefer liegenden Ursachen von Beziehungsproblemen liegen. Um unsere Beziehungsfähigkeit zu verbessern, nützen wir die Kraft der Rituale, und wir suchen einen gangbaren Weg, ein Werkzeug, um bessere Beziehungen aufzubauen und um das Medizinrad der Liebe zu durchwandern.

Schritt 2: Nun geht es um uns selbst, um die Selbstliebe und um die Fähigkeit, uns nach innen zu öffnen. Wir klären, was uns daran hindert, eine wirkliche, echte, liebevolle Beziehung zu uns selbst aufzubauen und uns selbst so zu lieben, wie wir in diesem Moment sind. Dies schließt auch all unsere vermeintlichen Fehler und ungeliebten Seiten von uns ein.

Hier ist die Herausforderung und Aufgabe, sich selbst bedingungslos anzunehmen.

Schritt 3: Erst wenn wir die Tür zur bedingungslosen Selbstliebe geöffnet haben, wenden wir uns dem »Du« zu. Hier geht es um die Nächstenliebe und um die Fähigkeit, uns nach außen zu öffnen. Wir klären unsere Beziehungen und lernen, der Welt und anderen Menschen zu vertrauen, sodass wir den Mut entwickeln, uns wirklich zu zeigen. Hier ist die Herausforderung und Aufgabe, sich zu öffnen und offen zu werden für das »Du«.

Schritt 4: Nun schauen wir, wie Liebe und Partneranziehung funktionieren und welcher Beziehungstyp wir sind. Es geht um die Fähigkeit, gemeinsam zu gehen und sich hinzugeben. Wir klären, was wir uns von einer Liebesbeziehung wirklich aus tiefstem Herzen wünschen, und öffnen uns für die große, himmlische Liebe. Hier ist die Herausforderung und Aufgabe die Hingabe.

Schritt 5: Nachdem auch diese Türe offen steht, wenden wir uns unserem Sexualtrieb zu und klären, was wir jenseits aller Normen, Hemmungen und Tabus wirklich wollen und welcher Sextyp wir sind. Wir lernen, uns zu öffnen, fallen zu lassen und das Land der göttlich guten Sexualität zu betreten. Hier geht es um die Auflösung aller Begrenzungen und um die Fähigkeit zur Ekstase.

Das Buch richtet sich an alle Menschen,

- die bereit sind, an sich selbst und ihrer Liebesfähigkeit zu arbeiten,
- die eine tiefe, liebevolle Beziehung zu sich selbst aufbauen wollen,
- die nach mehr Glück und Erfüllung suchen,
- die ihre Beziehungsfähigkeit und ihre Beziehungen grundlegend verbessern wollen,
- die immer noch an das große Glück und die himmlische Liebe glauben und danach suchen,
- die glücklich sind und sich diesen Zustand dauerhaft erhalten wollen,
- die sich aus der bestehenden Langeweile, Eintönigkeit und Lethargie befreien wollen,
- die die Hoffnung auf den Traumprinzen/die Traumprinzessin noch nicht aufgegeben haben,
- die sich einen frischen Wind für ihre Beziehungen und ihr Liebesleben wünschen.

Ich wünsche Ihnen von ganzem Herzen alles Gute auf Ihrer Reise durch die Welt der Liebe und der Beziehungen.

Stefan Limmer
Regensburg, im August 2016

Das große Abenteuer Beziehung

Beziehungen bestimmen unser Leben

Genau genommen besteht unser ganzes Leben aus Beziehungen: Wir haben nicht nur eine Beziehung zu unserem Partner, sondern auch zu unseren Kindern, zu Freunden und Kollegen, zu unseren Haustieren, zu dem Platz, an dem wir wohnen, zu unserem Beruf, zur Umwelt, zu Weltanschauungen und Religionen, zur Natur, zur Erde und zur ganzen Schöpfung – und natürlich auch zu uns selbst.

Das Leben stellt uns immer wieder die gleiche Frage: »Wie trittst du in Beziehung zu …« Da wir mit einem freien Willen ausgestattet sind, könnten wir grundsätzlich individuelle, einzigartige, ja großartige Antworten geben, die uns wirklich glücklich machen und uns in den siebten Himmel katapultieren. Aber oft geben wir Antworten, die das genaue Gegenteil bewirken. Die Frage ist also: Was hindert uns daran, in positive Beziehung mit der Welt um uns herum zu treten? Und warum ändern wir nichts an Begebenheiten, die uns unglücklich machen?

Dafür gibt es viele Gründe: Wir sind bestimmt von Ängsten

und negativen Erfahrungsmustern, oft steht uns unser Ego im Weg, und manchmal sind wir auch einfach zu faul, unsere so lieb gewonnene Komfortzone zu verlassen. Dementsprechend treten wir in Beziehung zum Leben: angstvoll, stereotyp, mit immer denselben falschen Erwartungen und Illusionen.

Dabei könnten wir dem Leben auch ganz anders gegenübertreten, wenn wir nur bereit wären, unsere inneren Blockaden, Ängste und Traumata zu überwinden. Wenn wir bereit wären, unsere Komfortzone zu verlassen und uns auf eine Heldenreise zu uns selbst zu begeben. Wenn wir aus unserer wahren inneren Größe und Schönheit heraus handeln würden und stolz und strahlend in dem Wissen, wer wir wirklich sind, dem Leben begegnen würden. Wenn wir nur bereit wären, bedingungslos zu lieben. Das erfordert Mut, der uns aber größtenteils abhandengekommen ist. Mut, uns selbst bis in unseren tiefsten Kern zu erforschen. Mut, um wirkliche innere Freiheit zu erfahren. Mut, uns so zu zeigen, wie wir wirklich sind. Mut, neue Wege jenseits der ausgetretenen Pfade zu gehen. Mut zur Liebe.

Wir sind die Schöpfer unseres Lebens

Oft klopft das Leben an unsere Tür und stellt uns in Form von Menschen, Begegnungen, Schicksalsschlägen, Krankheiten, Herausforderungen und so weiter eine Frage: »Wie gehst du mit dem Leben und der Situation um, wie trittst du dazu in Beziehung?« Wir werden aufgefordert, eine Antwort zu finden und zu handeln.

Viele Menschen reagieren gerade in schwierigen Lebenssituationen nicht mit Kreativität und Mut, sondern greifen auf alte, erlernte Verhaltensmuster zurück. Sie lassen alles über sich ergehen und fühlen sich ohnmächtig und hilflos dem Leben ausgeliefert.

Sicher, es wäre vermessen zu glauben, dass wir das Leben als solches ändern können. In einer Welt, die aus Gegensätzen besteht, wird es immer helle und dunkle Seiten geben, und wir werden immer mit dieser Polarität konfrontiert und aufgefordert sein, damit umzugehen. Was wir aber selbst beeinflussen und verändern können, ist unser persönlicher Umgang mit dem Leben und mit unseren Beziehungen. Wir können unser Verhalten ändern, wir können alte, eingefahrene Beziehungsmuster verändern und ablegen, wir können uns aus den Fesseln der Vergangenheit und aus unseren Ängsten lösen. Wir können neue, bessere Antworten finden, die uns ein glückliches Leben ermöglichen.

Also: Machen Sie sich auf den Weg in das Land des Glücks, machen Sie den ersten Schritt. Solange Sie darauf warten, dass sich von alleine etwas ändert, geben Sie Ihre ganze Schöpferkraft ab, Sie sind passiv und machen sich zum Spielball von anderen Menschen. Wollen Sie wirklich glückliche Beziehungen leben und erleben, wollen Sie tiefste Liebe und sexuelle Ekstase erfahren, dann sind Sie eingeladen, aufzustehen und zu handeln, Ihr Leben selbst zu gestalten und Ihre Beziehungen zu einer Quelle von tiefster Zufriedenheit und echtem Glück zu machen. Nur Sie haben es in der Hand, nur Sie können die Entscheidungen für sich selbst und Ihre Zukunft treffen. Wenn Sie also immer noch auf Ihr Glück warten und weder dauerhaft im siebten Himmel noch bei gutem, erfüllendem Sex angekommen sind, dann treffen Sie jetzt eine Entscheidung, wie Sie zukünftig leben wollen.

Raus aus der Komfortzone!

Ein Riesenhindernis auf unserem Weg zum Glück ist unsere Neigung, an alten Gewohnheiten festzuhalten, weil das so schön bequem ist. Lieber ertragen wir den nicht erfüllenden Stillstand, als uns aufzuraffen, etwas in unserem Leben zu ändern! Es spricht grundsätzlich nichts dagegen, sich ab und zu in Komfortzonen zu bewegen – jeder benötigt Ruhephasen –, aber es sollte nicht zum Dauerzustand werden.

Stellen Sie sich das Leben wie eine große, lebenslange Wanderung vor. Auf einer Wanderung haben wir ein Ziel vor Augen, zum Beispiel einen Berggipfel. Um dieses Ziel erreichen zu können, machen wir zwischendurch Pausen, um wieder Kraft zu schöpfen für unseren weiteren Weg. Wenn wir uns gestärkt haben, gehen wir weiter. Wir würden wohl kaum auf die Idee kommen, aus Bequemlichkeit einfach sitzen zu bleiben, sondern wir nehmen unser Ziel, den Berggipfel, weiter in Angriff.

Auch im Leben bewegen wir uns auf ein Ziel zu. Auch im Leben ist es notwendig, zwischendurch Pausen einzulegen, innezuhalten und das bereits Erreichte zu genießen. Wir brauchen diese Zeiten, um uns zu erholen und Kraft für den weiteren Weg zu schöpfen. In unserem Leben vergessen wir aber oft das »Weitergehen«, wir verlieren oft das »große« Ziel aus den Augen. Wir fangen an, die Dinge krampfhaft festzuhalten, die wir bereits erreicht haben. Wir werden immer bequemer und schotten uns immer mehr ab, um ja alles zu erhalten. Wir wollen keinesfalls wieder etwas verlieren oder aufgeben, obwohl uns das Leben und ein Blick in die Natur lehren, dass alles vergeht und wir nichts auf Dauer festhalten können. Wir bleiben viel zu früh stehen und bauen uns unsere Burg, verlieren unser Ziel aus den Augen.

Der Langsamste, der sein Ziel nicht aus den Augen verliert, geht noch immer geschwinder als jener, der ohne Ziel umherirrt.

Gotthold Ephraim Lessing, Dichter, Literaturtheoretiker und -kritiker (1729–1781)

Aber tief in uns bleibt das Wissen um unser ursprüngliches Ziel bestehen und versucht, sich Gehör zu verschaffen. Es wird immer unbequemer in unserer selbst geschaffenen Komfortzone, und wir können uns noch so viele vermeintliche Annehmlichkeiten und Ablenkungen schaffen, aber etwas in uns lässt uns immer unglücklicher, unzufriedener und nervöser werden. Wir spüren immer öfter, dass uns etwas fehlt, ohne es zunächst klar erfassen zu können. Wir ahnen, dass wir nicht am Ziel unserer Reise sind, dass das, was wir uns bisher geschaffen haben, nicht das ist, was wir eigentlich wollten und was uns wirklich glücklich macht.

Genauso ist es, wenn es um Beziehungen, Liebe, den siebten Himmel und richtig guten Sex geht. Gerade wenn es um wirklich tief gehende, erfüllende Beziehungen geht, haben viele Menschen viel zu früh aufgehört weiterzugehen. Viele haben sich überhaupt noch nicht auf den Weg gemacht und verharren starr in ihrer Startposition. Sie sind einfach in dem stecken geblieben, was sie von ihrer Herkunftsfamilie mitbekommen haben, was ihnen ihre Eltern und andere Bezugspersonen vorgelebt und vermittelt haben, was durch ihre

Freunde, ihr Umfeld und ihre Clique als Norm vorgegeben wurde. Einige haben ausprobiert und experimentiert, aber nach den ersten Enttäuschungen haben sie aufgehört, sich weiterzuentwickeln und weiterzusuchen. So wissen sie überhaupt nicht, was für sie möglich wäre und was sie wirklich möchten, was sie sich aus tiefstem Herzen wünschen.

Beziehungsziele und Entscheidungen

Wir vergessen viel zu oft, gerade für unsere intimen Beziehungen persönliche Ziele zu definieren. Wir alle sind eingeladen, uns eben nicht einfach mit dem zufriedenzugeben, was uns nicht erfüllt und uns nicht beglückt, sondern uns auf den Weg zu machen, um wirklich den Himmel auf Erden zu erleben.

Das bedeutet nicht, alles, was Sie sich aufgebaut haben, einfach hinzuschmeißen. Es geht darum, zuerst einmal Ihre jetzige Situation anzuerkennen, als einen Teil von Ihnen anzunehmen und die Verantwortung dafür zu übernehmen. Zunächst sind Sie eingeladen, sich selbst und Ihr jetziges Leben so anzunehmen und zu lieben, wie es eben ist. Machen Sie sich bewusst, dass es Ihre Entscheidungen und Antworten auf die Herausforderungen des Lebens waren, die Sie dorthin gebracht und zu dem Menschen gemacht haben, der Sie momentan sind. Erst daraus können Sie neue, wirklich bewusste Entscheidungen treffen und die Verantwortung dafür übernehmen, wohin Sie weitergehen wollen, wohin Ihre Reise Sie weiterführt. Und natürlich werden Sie immer wieder innehalten und das Erreichte genießen dürfen, aber seien Sie sich bewusst, dass Ihre Reise erst dann zu Ende ist, wenn Sie Ihr wirkliches Ziel erreicht haben.

Der Vertrag mit sich selbst

Um sich auf dem Weg zu einem erfüllten Liebes- und Sexualleben noch mehr zu motivieren, machen Sie einen Vertrag mit sich selbst. Damit geben Sie sich das Versprechen, dass Sie es wirklich ernst meinen und Sie an Ihrem Liebes- und Sexleben etwas verändern wollen, um wirklich glücklich zu sein. In diesem Vertrag notieren Sie in Ihren eigenen Worten, welche Ziele Sie haben und in welchem Zeitraum Sie diese Ziele erreichen möchten. Bleiben Sie dabei realistisch und formulieren Sie alles möglichst positiv. Unterschreiben Sie dann diesen Vertrag. Nehmen Sie ihn immer wieder zur Hand und überprüfen Sie, welche Ziele Sie bereits erreicht haben und wo noch Handlungsbedarf besteht. Motivieren Sie sich selbst, indem Sie sich für jeden erfolgreich gegangenen Schritt belohnen.

Vom Sinn des Lebens und des Liebens

Um Beziehungen wirklich zu verstehen, um daraus zu lernen und nicht immer wieder dieselben Fehler zu machen und um zu erkennen, dass hinter all dem immer dieselbe Aufforderung steht – »Liebe deinen Nächsten wie dich selbst« –, ist ein gewisses Grundverständnis für den tieferen Sinn des Lebens hilfreich.

Alles auf dieser Welt hat einen tieferen Sinn, auch wenn es uns manchmal schwerfällt, diesen zu erkennen. Wir sind nicht zufällig auf diesem Planeten gelandet, und jeder von uns kommt mit gewissen »Aufgaben« auf diese Welt. Aus spiritueller Sicht sind wir alle hier, um:

- uns und unsere Seele weiterzuentwickeln,
- unsere persönliche Lebensaufgabe zu meistern,
- unsere überpersönliche Lebensaufgabe zu erfüllen,
- die bedingungslose Liebe in allem zu erkennen und sie aus uns heraus erstrahlen zu lassen,
- aus all dem unsere Lebensvision und Lebensmission zu erkennen und zu leben,
- das Leben zu feiern,
- zu lieben.

Unsere persönliche Seelenentwicklung

Wenn wir hierher auf diese Welt kommen, dann ist unsere Seele kein unbeschriebenes Blatt. Wir alle haben bereits eine Menge an Erfahrungen gemacht. Wir befinden uns auf einer Wanderung durch Raum und Zeit. Wir inkarnieren uns immer wieder hier auf der Erde, um uns weiterzuentwickeln, um die Facetten des Lebens und des Liebens zu lernen und um irgendwann wieder nach Hause zurückzukehren. Nach Hause in die Einheit, in unsere göttliche Heimat, in die reine, pure Liebe.

Sicherlich fällt es angesichts des Elends in der Welt, angesichts von Egoismus und Ausbeutung, Hass und Unterdrückung, der Zerstörung der Umwelt, Missachtung der Menschenrechte und all den vielen anderen negativen Aspekten unseres Lebens manchmal schwer, das Prinzip der Liebe hinter all dem zu erkennen. In ihrem Gefühl der Ohnmacht empfinden viele Menschen das Leben als Last und Bürde, resignieren und ziehen sich zurück. Nur wenige Menschen gehen aufrecht in ihrer wirklichen inneren Größe durch das Leben, dienen dem Leben aus einer Position der Stärke, der Würde und der wirklichen bedingungslosen Liebe heraus.

Wie auch immer man diese Welt und die gesamte Schöpfung sieht, als einen Ort des Mangels, der Kälte, der Angst und Unsicherheit oder als einen Ort der Schönheit, der Fülle, der Liebe und der Geborgenheit, unsere Seele – die Seele jedes einzelnen Menschen auf dieser Welt – trägt den göttlichen Funken in sich. Tief in uns wissen wir, dass es jenseits der gefühlten Trennung einen Ort gibt, an dem wir wieder verschmelzen, an dem sich alles wieder vereint zu einem großen Ganzen, an dem reine, pure Liebe herrscht. Manchmal taucht im Leben ein Funke davon auf, und wir erinnern uns, dass die Welt und unsere Sichtweise davon nur eine Illusion ist und dass wir gerade jetzt in diesem Moment zu Hause sind. Auch der Liebesakt und der gemeinsame Orgasmus, die Vereinigung zwischen Mann und Frau, die auf tiefer Liebe beruht, eröffnet uns immer wieder das Tor in unsere Heimat und kann ein Wegweiser nach Hause in die bedingungslose Liebe jenseits aller Trennungen sein.

Allem einen Sinn geben

Ob wir unserem Leben einen tieferen Sinn geben oder es als belanglos oder gar bedrückend empfinden, ob wir einen Sinn in allem sehen können und den göttlichen Funken in allen Menschen und Situationen erkennen, die uns begegnen, liegt weniger am Leben selbst, sondern vielmehr an unserer Sichtweise.

Eine Rose ist zunächst einfach eine Rose. Erst durch unsere Betrachtung und unsere Bewertung erfährt sie einen Sinn. Wir können uns an ihrem Duft und der Farbe ihrer Blüten erfreuen, wir können sie zu einem Symbol der Liebe machen und ihr so einen Sinn in unserem Leben geben. Wir können sie als hässlich empfinden und uns an ihren Dornen stören, und wir können sie als Symbol der Liebe ablehnen. Dann ist sie auch nicht mehr neutral, wir gehen in Resonanz mit ihr, indem wir sie ablehnen. Wir können ihre Duftstoffe nutzen, um Parfüm oder Rosenöl herzustellen, wir können sie aber auch komplett ignorieren und nicht in Resonanz zu ihr gehen. Dann bleibt sie für uns neutral und ohne Sinn.

Schön ist eigentlich alles, was man mit Liebe betrachtet. Je mehr jemand die Welt liebt, desto schöner wird er sie finden.

Christian Morgenstern, deutscher Schriftsteller und Übersetzer (1871–1914)

So wie im Beispiel mit der Rose ist es auch mit unserem Leben und mit allen Beziehungen und Begegnungen. Entweder geben wir ihnen einen Sinn, indem wir sie in unser Leben lassen, sowohl positiv als auch negativ, oder wir gehen überhaupt nicht in Resonanz, dann bleiben sie für uns belanglos und sinnlos.

Der tiefere Sinn von Beziehungen

Nun haben wir alle ein Wertesystem in uns aufgebaut und neigen dazu, alles, was uns widerfährt, und jede Begegnung sofort unterbewusst in eine Schublade zu stecken. Ob wir jemanden mögen oder ablehnen, ist eine Entscheidung, die wir in Bruchteilen einer Sekunde treffen. Wir greifen auf alte, abgespeicherte Erfahrungen, auf unser inneres Wertesystem zurück, und durch diese Brille betrachten wir die Welt und die Menschen um uns herum.

Wenn wir eine Beziehung bewerten, sollten wir uns dabei immer selbst hinterfragen. Denn das ganze Leben hat letztendlich den Sinn, uns als Spiegel zu zeigen, wo wir selbst stehen. Mit jeder Begegnung fragt uns das Leben:

- Wo stehst du, inwieweit bist du in dir, in deinem Herzen und in der bedingungslosen Liebe zu Hause?
- Erkennst du den Sinn in dieser Begegnung, und erkennst du, worin deine Lernaufgabe besteht?
- Kannst du auch zu den schweren Herausforderungen innerlich Danke sagen, weil du spürst, dass auch diese Begegnung dich etwas lehren will, dir und deinem Leben dient, damit du deine dir selbst gestellten Lebensaufgaben erkennen und erfüllen kannst?

Die persönliche Lebensaufgabe

Unsere Seele hat viele positive und negative Erfahrungen auf ihrer Wanderung durch die Inkarnationen gemacht. Aus all diesen Erfahrungen stellen wir uns selbst für dieses Leben eine ganz persönliche Lebensaufgabe, die an alle bisher gemachten Erfahrungen anknüpft. Alle Begegnungen und Beziehungen, die wir im Laufe unseres Lebens eingehen, haben den tieferen Sinn, uns dabei zu unterstützen und uns aufzuzeigen, wo wir gerade stehen. Das Leben will uns daran erinnern und uns wachrütteln. Hier stellt sich die grundlegende Frage nach dem Sinn dieses jetzigen Lebens:

- Warum bist du hierhergekommen?
- Was willst du in diesem Leben für deine persönliche Entwicklung lernen und meistern?
- Handelst du dabei aus tiefster Liebe?
- Bereicherst und beschenkst du die Welt mit dem, was du mitgebracht hast?

Die überpersönliche Lebensaufgabe

Wir alle gehören zur Spezies Mensch, und so wie es eine persönliche, individuelle Lebensaufgabe für jeden Einzelnen gibt, so gibt es auch für alle Menschen eine gemeinsame, übergeordnete Aufgabe. Schamanen bezeichnen dies als das »Dasein als Erdenhüterinnen und Erdenhüter«. Wenn Sie einen Blick in die Welt werfen, wird Ihnen schnell klar, dass die allerwenigsten Menschen dieser überpersönlichen Aufgabe gerecht werden. Die Menschen beuten in ihrer Profitgier die Natur gnadenlos aus, und selbst wir als bloße Konsumenten unterstützen diesen Wahnsinn.

»Erst wenn der letzte Baum gerodet, der letzte
Fluss vergiftet, der letzte Fisch gefangen ist,
werdet ihr merken, dass man Geld nicht essen kann.«

Weissagung der Cree

Hier werden wir vom Leben gefragt:

- Dienst du dem Leben oder deinem Egoismus?
- Bist du ein Hüter oder ein Ausbeuter?

- Fügst du dich ein in die natürlichen Rhythmen des Lebens?
- Dienst du dem Leben, der Welt und der Natur, oder bist du ein Schädling?
- Bist du in der Liebe und Hingabe an die Schöpfung?

Die Liebe

Aber was ist denn nun eigentlich die Liebe, von der wir hier immer sprechen? So einfach die Frage erscheint, so schwierig ist die Antwort. Denn Liebe ist vom Verstand her weder zu erfassen noch zu erklären. Liebe folgt keiner Logik, sie ist einfach. Insofern werden Sie in den folgenden Kapiteln aus rationaler Sicht immer wieder auf Widersprüche stoßen, auf Aussagen, die sich aus der Sicht des Verstandes widersprechen. Versuchen Sie, mit Ihrem Herzen zu schauen und nicht mit Ihrem Verstand. Aus echter, tiefer Herzensweisheit und Herzenssicht lösen sich alle Widersprüche und Ungereimtheiten auf und verschmelzen wieder zu dem, was sie letztendlich sind – Ausdruck des Lebens und der Liebe, die hinter allem steht und alles durchdringt.

Liebe ist nichts Greifbares, kein Gegenstand, eher noch ein Zustand. Liebe ist nicht verstehbar, sondern nur erlebbar. Die meisten Menschen beschreiben Liebe als eine Emotion oder ein Gefühl. Aus spiritueller Sicht geht Liebe aber weit darüber hinaus. Sie ist das Grundprinzip der Schöpfung und dieses Universums. Sie ist der Baustoff, aus dem alles gemacht ist.

Die Liebe ist die feinstoffliche Energie, aus dem dieses Universum gewebt ist.

Wir verwechseln unsere Gefühle und Emotionen oft mit Liebe, obwohl diese aus der Liebe heraus entstehen. Die meisten Emotionen tauchen dann auf, wenn wir nicht in der Liebe sind. Liebe führt in eine innere Freiheit und Weite, in ein Verschmelzen und Auflösen des »Ich«. Sie ist nichts, was man wirklich geben oder bekommen kann, weil Liebe in ihrer wahren Form einfach ist, einfach da ist, unbegrenzt, unendlich. Sie steht allen Wesen zur Verfügung, weil sie die Grundsubstanz von allem ist. WIR SIND LIEBE!

Wenn uns das allgegenwärtig bewusst wäre und wir das auch in seiner ganzen Größe erfassen könnten, dann wären wir unmittelbar grenzenlos liebesfähig. Es gibt rein überhaupt nichts, was nicht aus Liebe gemacht ist, auch wenn es uns oft in Form des Schattens verzerrt und böse erscheint.

Hier geht es zunächst also nicht um die Liebe zwischen Mann und Frau oder um die menschengemachte trennende und einteilende Liebe, sondern um die Energie, die hinter allem steht. Es geht um die bedingungslose, alles umfassende, nicht wertende göttliche Liebe, so wie es uns im christlichen Kulturkreis Jesus mit auf den Weg gegeben hat: »Liebe deinen Nächsten wie dich selbst. Liebe deine Feinde. Wenn dir einer auf die rechte Backe schlägt, dann halte ihm auch die linke hin.«

Wenn auf der Erde die Liebe herrschte,
wären alle Gesetze entbehrlich.

Aristoteles, griechischer Philosoph (384–322 v. Chr.)

All das hat nichts mit Schwäche oder Feigheit zu tun, sondern vielmehr mit wahrer innerer Größe, mit Mut und mit der Fähigkeit, wirklich bedingungslos zu lieben. Das ganze Leben mit all seinen positiven und negativen Seiten fordert uns immer wieder dazu auf, aus der Wertung zu gehen, nicht zu urteilen und zu verurteilen, sondern in die Liebe zu gehen.

Jede Begegnung, auch und gerade mit uns selbst, jede Freundschaft und jede Liebesbeziehung sind das Übungsfeld, um dieses Grundprinzip zu erkennen und wieder als Grundlage für unser Tun und Handeln zu dienen.

Die menschengemachte wertende Liebe ist ein Hauch der göttlichen Liebe und kann uns daran erinnern, wo wir herkommen und was Liebe wirklich ist. Aber diese menschliche Form der Liebe ist verknüpft mit Emotionen und mit Gefühlen, die oft auch sehr negativ und schmerzhaft sein können, vor allem wenn Besitzansprüche und Eifersucht mit ins Spiel kommen. Echte Liebe lässt frei und will nicht besitzen. Solange wir etwas besitzen wollen, einen Gegenstand, einen Platz, ein Tier oder einen Menschen, sind wir nicht in der Liebe. Dieses Denken entsteht immer aus unseren verletzten Anteilen in uns, die die ganze Zeit schreien: »Ich will dies, ich brauche das …« Unser Ego will und will – und hat panische Angst vor dem Verlust. Echte Liebe dagegen weiß, dass wir letztendlich überhaupt nichts besitzen können, dass jede Form von Besitz unfrei macht.

Fassen Sie das bitte nicht falsch auf. Das heißt nicht, dass Sie sich von all Ihren Besitztümern trennen sollen und müssen, um echte Liebe zu erfahren. Behalten Sie bitte Ihr Haus, Ihr Auto, Ihr Haustier, Ihren Ehepartner. Es geht hier um die Anhaftung an die Dinge, die wir zu besitzen glauben, und darum zu verstehen, dass Besitz nichts mit Liebe zu tun hat, so wie wir das oft empfinden und auch formulieren. Echte Liebe ist im freien Bewusstsein, lässt los und weiß, dass wir nichts besitzen können. Die Liebe ist Hingabe an etwas Höheres, auch an unser höheres Selbst. Liebe gibt jede Anhaftung auf und gibt sich dem Universum und dem Leben hin.

Die menschengemachte Liebe geht immer auch sofort in eine Differenzierung. Diese kann nur entstehen, weil wir in einer polaren Welt leben. Hier gibt es Liebe und als Gegenpol den Hass. Beides sind die zwei Pole eines Grundprinzips, das sich in diesem Spannungsfeld widerspiegelt. Beide Pole werden mit einer Wertung versehen, mit Ablehnung oder mit Zustimmung. Sobald wir in diesem Spannungsfeld des Ablehnens oder Zustimmens sind, haben wir die Freiheit und die echte Liebe verlassen, und es entsteht das Drama des Lebens, in dem wir gefangen sind. Wir mögen etwas oder eben nicht, das ist menschlich und Teil unseres Lebens, hat aber mit Liebe nichts zu tun, sondern mit Anhaftung an einen nicht erlösten Teil. Die umfassende, universelle Liebe offenbart sich dann, wenn wir die menschliche, anhaftende Liebe wieder aufgeben und in etwas Größeres transformieren.

Hier stellt uns das Leben die Fragen:

- Erkennst du in allem die universelle Liebe?
- Wo bist du in deinem Leben in der Wertung und damit in der Trennung?
- Wo kannst du in deinem Leben bedingungslos lieben?

Deine Vision und deine Mission

Aus all dem, der persönlichen und überpersönlichen Lebensaufgabe und der Fähigkeit zur bedingungslosen Liebe, erwächst unsere persönliche Lebensvision, die all das enthält. Wenn wir uns auf den Weg machen und in uns lauschen, dann hören wir in uns und in unserem Herzen eine leise Stimme, die uns den Weg weist. Folgen wir ihr voller Vertrauen, dann führt sie uns zu unserer Vision. Aus dieser Vision dürfen wir dann unsere persönliche Mission entwickeln und in die Tat umsetzen. Wir beginnen, unsere Vision zu leben. Wir schenken der Welt all das, was wir mitgebracht haben, und bereichern so die Welt, die Menschen, die Schöpfung und uns selbst. Wir werden zu Dienern des Lebens und der Liebe.

Hier stellt uns das Leben die Fragen:
- Was ist deine Vision des Lebens?
- Wie setzt du deine Vision in eine Mission um?
- Wie lebst du in Liebe deine Mission in der Welt?

Das Leben feiern

Jetzt wird das Leben zu einem Fest. Aus dem tiefen Wissen um unsere Aufgabe, unseren tieferen Sinn und unser Ziel gestalten wir alle Begegnungen und Beziehungen zu einer Feier des Lebens und der Liebe. Wir müssen nicht mehr aus der verletzten Position des Egos heraus taktieren, betrügen, manipulieren und leiden, sondern sind in der Lage, uns ganz dem Leben hinzugeben. Unser altes, verletztes Ego verbrennt im Feuer der Transformation und macht Platz für das, was wir immer schon waren, sind und sein werden – reine, pure Energie, reine, pure, bedingungslose Liebe.

Hier stellt das Leben keine Fragen mehr. Wir sind angekommen, und jenseits aller offenen Fragen haben wir die Antwort in uns gefunden: LIEBE.

Innerseelische Archetypen für prickelnde Beziehungen und guten Sex

In unserer Seele haben wir alle archetypischen Kräfte abgespeichert, die uns mit kollektiven Urthemen des Menschseins verbinden. Wenn es um Beziehungen und Sex geht, sind das die Archetypen des inneren Mannes, der inneren Frau, der Liebenden und des inneren Kindes. Wir alle tragen diese Kräfte in uns. Je nachdem, was wir an eigenen Erfahrungen in Bezug auf die Themen der jeweiligen Archetypen erlebt und erfahren haben, sowohl in diesem Leben als auch in früheren Inkarnationen, hat sich daraus eine einzigartige, individuelle Färbung des jeweiligen Archetypen in uns ausgeprägt. Diese bestimmt unser Selbstbild und unsere Wahrnehmung der Menschen in der Welt um uns herum. Haben wir hier Blockaden oder ist dieses Bild getrübt, verzerrt oder uns nicht wirklich zugänglich, wirkt es aus der Kraft des Unterbewusstseins heraus und klopft immer wieder an, um uns daran zu erinnern, dass dort etwas nicht in seiner ganzen Kraft und Stärke ist und damit das jeweilige Potenzial nicht wirklich gelebt werden kann.

Der Archetyp des inneren Mannes

Der innere Mann kann sich in verschiedensten Facetten zeigen und ausdrücken: der König, der Krieger, der Bettler, der Mönch, der Liebhaber, der Schöpfer, der Eroberer...

Für unser Thema sind zwei Aspekte besonders wichtig: der Liebhaber und der Vater.

Der Liebhaber

Je nachdem, welche Erfahrungen innerseelisch abgespeichert sind und welche Persönlichkeitsmuster wir mit in dieses Leben gebracht haben, spiegelt uns unser innerer Liebhaber unseren ureigenen, einzigartigen männlichen Umgang mit der Liebe. Er spiegelt uns durch seine Handlungen, Vorlieben und Abneigungen und durch sein innerseelisches Auftreten unsere Art und Weise, wie wir auf unsere Partner zugehen, welche Wünsche wir an eine Beziehung haben und auch wie wir von unseren Partnern in Bezug auf unseren männlichen Pol gesehen werden. Es ist die männliche Energie, die sich nach außen manifestiert und in Beziehung tritt, wenn es um die Liebe geht. Ein weiterer Aspekt ist die männliche, gebende Schöpferkraft, die sich im Akt der sexuellen Vereinigung mit der weiblichen Urkraft verbindet und so neues Leben erzeugt.

Der Vater

Auch hier sind unsere bisherigen Erfahrungen mit der »Vaterrolle« entscheidend. Der Vater beinhaltet nicht nur die reale Beziehung zu einem eigenen Kind, sondern auch alle Aspekte, die einerseits etwas mit dem urmännlichen Pol dieses Universums zu tun haben, andererseits grundlegend mit dem Thema der männlichen Führerschaft, der Vaterfigur, die als Vorbild auftritt, beschützt, behütet und den männlichen Aspekt des Umgangs mit dem Leben aufzeigt.

Der Archetyp der inneren Frau

Wie auch der innere Mann kann sich die innere Frau in unterschiedlichsten Facetten zeigen und ausdrücken: die Königin, die Kriegerin, die Jungfrau, die Schöpferin, die Heilige, die Bedürftige...

Für unser Thema sind wieder zwei Aspekte besonders wichtig: die Geliebte und die Mutter.

Die Geliebte

Vielleicht wundern Sie sich, dass wir von der Geliebten sprechen und nicht von der Liebhaberin. Das hat etwas mit der Urpolarität zu tun, in der wir leben und die sich im Mannsein und Frausein widerspiegelt. Alles hat in dieser Welt zwei Pole: hell – dunkel, Mann – Frau, Liebhaber – Geliebte. Wir alle, egal ob Mann oder Frau, haben immer beide Pole in uns. So ist ein Mann innerseelisch Liebhaber und Geliebte, Vater und Mutter, Sonne und Mond. Wir neigen nur aus unserem Selbstverständnis und unserer Identifikation mit einer klaren Geschlechterrolle und biologischen Gegebenheit dazu, uns nur mit einem Pol zu identifizieren. Aus der Sicht der Seele geht es aber immer darum, beide Pole der Realität zu erkennen, zu verstehen und zu meistern. Dies tun wir in all unseren Beziehungen, indem wir immer auch dem Gegenpol im Außen begegnen und so die Möglichkeit erhalten, diese Teile in uns zu erkennen und zu verwirklichen.

Je nachdem, welche Erfahrungen wir innerseelisch abgespeichert haben und welche Erfahrungen unsere Seele bereits mitgebracht hat, spiegelt uns unsere innere Geliebte unseren ureigenen, einzigartigen weiblichen Umgang mit der Liebe. Sie spiegelt uns durch ihre Handlungen, Vorlieben und Abneigungen und durch ihr innerseelisches Auftreten unsere Art und Weise, wie wir unsere Partner empfangen und sie annehmen, wie wir uns selbst hingeben können und wie wir von unseren Partnern in Bezug auf den weiblichen Pol in uns gesehen werden.

Es ist die weibliche Energie, die sich in der äußeren Welt manifestiert und in Beziehung tritt, wenn es um die Liebe geht. Ein weiterer Aspekt ist die weibliche, empfangende Schöpferkraft, die sich im Akt der sexuellen Vereinigung mit der männlichen Urkraft verbindet und so neues Leben erzeugt.

Die Mutter

Auch hier sind unsere bisherigen Erfahrungen mit der »Mutterrolle« entscheidend. Die Mutter beinhaltet nicht nur die reale Beziehung zu einem eigenen Kind, sondern auch alle Aspekte, die einerseits etwas mit dem urweiblichen Pol dieses Universums zu tun haben, andererseits grundlegend mit dem Thema der weiblichen Führerschaft, der Mutterfigur, die als Vorbild auftritt, nährt, versorgt, behütet und den weiblichen Aspekt des Umgangs mit dem Leben aufzeigt.

Der Archetyp der »Liebenden«

Aus den Archetypen des inneren Mannes und der inneren Frau erwächst der Archetyp der Liebenden. Hier zeigt sich schließlich klar und deutlich, wie es um diese bestellt ist, wo die Energien frei fließen, wo wir unsere Defizite haben und wie aus dem Agieren der zwei vorher besprochenen Archetypen das Zusammenspiel in der Liebe funktioniert. Hier wird deutlich, dass es eben nicht damit getan ist, nur seinen männlichen oder weiblichen Anteil in Heilung zu bringen. Erst wenn alle zwei Anteile erlöst, frei und heil sind, zeigt sich das in einer Auflösung aller Beschränkungen und einer Erfahrung der grenzenlosen, allumfassenden, bedingungslosen Liebe.

Die Liebe ist so unproblematisch wie ein Fahrzeug.
Problematisch sind nur die Lenker,
die Fahrgäste und die Straße.

Franz Kafka, österreichisch-tschechischer Schriftsteller (1883–1924)

Der Archetyp des inneren Kindes

Aus der Verschmelzung des inneren Mannes und der inneren Frau im Archetyp der Liebenden wird schließlich neues Leben geboren. Hier findet der Schöpfungsakt statt, der sich innerseelisch in Form des inneren Kindes widerspiegelt.

Sind der innere Mann und die innere Frau in ihrer Kraft, Stärke, Freiheit und Liebesfähigkeit, also in ihrer echten Souveränität, so entsteht aus der Verbindung der beiden ein wundervoller, kraft- und liebevoller Archetyp der Liebenden, und daraus wiederum wird unser inneres Kind permanent neu geboren und genährt.

Hier zeigt sich auch, wie wichtig es ist, sich aus allen Verletzungen und Verstrickungen der Vergangenheit zu lösen, die unser inneres Kind bisher beeinflusst und daran gehindert haben, in seine wirkliche Kraft zu kommen. Ist unser inneres Kind nicht verletzt und kann frei agieren, dann hat es einen einzigen wirklichen Wunsch: Es will spielen. Beobachten Sie einmal ein gesundes, glückliches kleines Kind beim Spielen. Es ist mit großer Ernsthaftigkeit im Hier und Jetzt ganz in sein Spiel versunken und ist gänzlich präsent im Moment. Solange sich keine anderen Grundbedürfnisse wie Hunger, Durst und das Bedürfnis nach Nähe in den Vordergrund schieben, solange spielt das Kind glücklich sein Spiel.

Für die Liebe und für Beziehungen ist dieser Aspekt des Spielens enorm wichtig. Würden wir alle genauso wie das Kind agieren, würden wir das »Miteinanderspielen« in den Vordergrund stellen und könnten uns im Spiel liebe- und respektvoll begegnen. Wir wären in jeder Begegnung im Augenblick und frei von allen negativen Erfahrungen. Wir würden nicht unsere Probleme in die Begegnungen projizieren und könnten echte authentische Begegnungen erleben.

Hier schließt sich dann auch der Kreis der vier hier besprochenen innerseelischen Archetypen. Denn wenn das innere Kind in seiner Kraft, Liebe und Freiheit ist, wirkt sich dessen Fähigkeit zum Spielen im Hier und Jetzt wiederum auf die

Liebenden aus, und von hier aus gibt es eine positive Rückkopplung zum inneren Mann und zur inneren Frau. So bedingen sich diese vier innerseelischen Kräfte in uns, und wir sind aufgefordert, alles dafür zu tun, damit sie zu ihrer wahren inneren Größe finden und leuchtend und strahlend ihre ganze Kraft und Liebe entfalten können.

Der Kontakt zu den Archetypen der Liebe

Das ganze Wissen um die Archetypen hilft Ihnen nicht weiter, wenn Sie nicht mit ihnen in Kontakt treten und herausfinden, was sie brauchen, um in ihre Kraft und Stärke zu kommen. Wir brauchen also einen Weg der Kontaktaufnahme. Eine einfache Möglichkeit hierzu ist eine geführte Seelenreise, die Sie zu den Archetypen begleitet und gleichzeitig die Möglichkeit bietet, vorhandene Verletzungen und Blockaden zu lösen.

Gerade Übungen oder Meditationen, die Sie in Kontakt mit Ihrer Seele bringen, sollten in einem rituellen Rahmen stattfinden. Alle notwendigen Informationen, die Sie für ein Ritual brauchen, finden Sie im Kapitel »Rituale« (ab Seite 169). Da die Erklärungen und insbesondere die dort aufgeführten Vorbereitungsrituale für alle weiteren im Buch aufgeführten Seelenreisen gelten, sollten Sie unbedingt zunächst dieses Kapitel komplett durchlesen. Wenn Sie es wirklich ernst meinen, dann müssen Sie ins Handeln kommen. Die besten Erkenntnisse helfen nichts, wenn wir keine Taten folgen lassen und notwendige Schritte nicht gehen.

Machen Sie zunächst die Übung »Im Hier und Jetzt sein« (Seite 170) und schaffen Sie sich einen rituellen Rahmen.

Die folgende Seelenreise hilft Ihnen dabei, mit Ihren inneren Archetypen in Kontakt zu treten und zu erfahren, wie es ihnen geht und was sie brauchen, um in ihre gesunde Kraft und Stärke zu kommen.

Seelenreise »Die inneren Archetypen der Liebe«

Nehmen Sie sich eine halbe Stunde Zeit, in der Sie ungestört sind. Sorgen Sie für eine ruhige, entspannte Atmosphäre. Zünden Sie eine Kerze an, und wenn Sie mögen, räuchern Sie mit einer Räuchermischung, die Sie gern haben.

Setzen Sie sich nicht unter Druck und geben Sie jegliche Erwartungshaltung auf. Je weniger Sie erwarten und je unvoreingenommener Sie vorgehen, desto besser funktioniert die Übung.

Legen Sie sich bequem hin und decken Sie sich bei Bedarf zu, damit Sie nicht frieren.

Machen Sie zunächst die vorbereitenden Rituale »Der heilige Raum« (Seite 174) und »Der Schutzkreis« (Seite 176).

Atmen Sie jetzt tief ein und aus, ein und aus. Mit jedem Ausatmen sinken Sie tiefer und tiefer in den Boden. Spüren Sie, wie Sie getragen werden von Mutter Erde.

Fühlen Sie, wie die Luft durch die Nase und die Luftröhre in Ihre Lunge strömt. Nehmen Sie wahr, wie sich der Brustkorb im Rhythmus Ihres Atems hebt und senkt. Richten Sie die gesamte Aufmerksamkeit auf Ihre Atmung.

Lassen Sie sich mit jedem Ausatmen immer tiefer und tiefer sinken.

Vielleicht tauchen im Geiste Bilder aus Ihrem Alltag auf.

Halten Sie sich nicht daran fest, lassen Sie sie wie Wolken am Himmel vorüberziehen.

Und mit jedem weiteren Ausatmen sinken Sie noch tiefer in Ihre Unterlage hinein.

Richten Sie jetzt die Aufmerksamkeit ganz nach innen.

Vor Ihrem inneren Auge erscheint eine Treppe mit sieben Stufen, die nach unten führt. Gehen Sie langsam darauf zu, halten Sie kurz inne und betreten Sie dann achtsam die erste Stufe – die zweite Stufe – die dritte Stufe – die vierte Stufe – die fünfte Stufe – die sechste Stufe – und die siebte Stufe.

Unten angekommen stehen Sie vor dem Tor in Ihr Unterbewusstsein und werden von einem Wesen erwartet, das Sie weiter auf Ihrer Reise begleitet. Gemeinsam durchschreiten Sie das Tor, und Ihr Begleiter führt Sie tief in die Landschaft Ihres Unterbewusstseins an einen Ort, an dem ein Feuer brennt. Dort warten bereits Ihr innerer Mann, Ihre innere Frau und Ihr inneres Kind auf Sie. Schauen Sie sie zunächst genau an und bitten Sie sie dann zu erzählen, wie es ihnen geht, ob die innere Frau und der innere Mann zum Archetypen der Liebenden verschmelzen können und was sie alle brauchen, um in ihre Kraft und Stärke zu kommen. Hören Sie einfach zu, was sie Ihnen zu sagen haben. Versuchen Sie, nicht zu urteilen und zu bewerten, sondern bleiben Sie mit Ihrer ganzen ungeteilten Aufmerksamkeit bei ihnen. Nehmen Sie sich nun einige Minuten Zeit, sich ganz auf diese Begegnung einzulassen.

Nun ist es an der Zeit, sich von Ihren Archetypen der Liebe und dem Feuer zu verabschieden. Bedanken Sie sich für diese Begegnung und gehen Sie dann mit Ihrem Begleiter den Weg, den Sie vorhin gegangen sind, zurück zum Tor. Gemeinsam mit Ihrem Begleiter durchschreiten Sie das Tor, bedanken sich auch bei ihm und gehen dann auf die Treppe zu, die Sie vorhin hinabgestiegen sind. Nun gehen Sie die sieben Stufen langsam wieder nach oben: die siebte Stufe - die sechste Stufe - die fünfte Stufe - die vierte Stufe - die dritte Stufe - die zweite Stufe - und die erste Stufe.

Lenken Sie jetzt Ihre Aufmerksamkeit wieder zur Atmung.

Atmen Sie tief ein und aus, und mit jedem Einatemzug kommen Sie langsam wieder zurück in Ihren Körper, ins Hier und Jetzt, in Ihre Alltagsrealität.

Spüren Sie dem gerade Erlebten noch ein wenig nach, bevor Sie sich wieder erheben, um die Botschaft der Archetypen der Liebe aufzuschreiben.

Schreiben Sie direkt nach dieser Seelenreise auf, was Ihnen Ihre inneren Archetypen der Liebe mitgeteilt haben, und lassen Sie alles auf sich wirken. Fühlen Sie zunächst in sich hinein, wie es Ihnen damit geht, und beobachten Sie, was die einzelnen Wörter oder Sätze in Ihnen auslösen. Versuchen Sie, möglichst nicht zu werten, sondern einfach nur wahrzunehmen. Überlegen Sie dann in Ruhe, was Sie in Ihrem Alltag tun müssen, damit die inneren Archetypen der Liebe wieder ganz, heil und in ihrer Kraft und Stärke sind.

Das höhere Selbst und das verletzte Ego

Wir alle tragen zwei Teile in uns, die nur selten im Einklang sind und meist völlig entgegengesetzte Ziele verfolgen - das höhere Selbst und das verletzte Ego.

Unser höheres Selbst ist der Teil in uns, der zeitlos, unsterblich und jenseits von Raum und Zeit ist. Es kennt die wahre Natur dieses Universums jenseits aller Illusionen, Beschränkungen und Verletzungen. Es kennt den Sinn unseres Lebens und dieser Existenz und verbindet uns mit unserer göttlichen Herkunft. Es ist in der Liebe und erinnert uns immer wieder sanft daran, dass es letztendlich genau darum geht, in die Liebe zu gehen und diese in die Welt zu bringen. Die Absicht des höheren Selbst ist also frei von egoistischen Wünschen und verfolgt keine egoistischen Ziele, sondern fordert uns auf, dem Leben zu dienen.

Das Problem mit unserem Ego

Unser Ego hingegen ist der Teil in uns, der durch Verletzungen, Traumata, nicht erfüllte Grundbedürfnisse und nicht gelebte Bestimmungen entstanden ist. Das Ego ist an Zeit und Raum gebunden, und da ihm jegliche Anbindung an ein höheres Ziel fehlt und es nichts kennt außer sich selbst, versucht es mit allen Mitteln, Anerkennung, Macht, Zuneigung, Geld, materielle Dinge und vermeintliche Sicherheiten zu erlangen, in dem Irrglauben, damit den ursprünglichen Schmerz und die Angst zu überwinden.

Leider funktionieren diese Strategien – wenn überhaupt – nur vorübergehend. Schafft es ein Mensch, all das zu erreichen und zu bekommen, was das Ego ihm als seine wahren Bedürfnisse einzureden versucht, dann verfällt das Ego in einen Größenwahn und suggeriert uns, wir seien die Größten und Besten und hätten doch alles, was wir brauchen. Aber der Schmerz, die Angst und die Sehnsucht nach etwas Tieferem, Echterem, wirklich Erfüllendem bleiben im Hintergrund immer bestehen und lassen sich auf diese Weise nicht abstellen. Wollen wir echte, dauerhafte Heilung, die Angst durch Mut und Zuversicht ersetzen, wirklich Frieden und Freiheit finden, dann gelingt das nur, indem wir uns auf unsere Heldenreise begeben, uns unseren Dämonen stellen und alles, was uns im Leben begegnet, wieder mit der Liebe verbinden.

Das Ego und die Illusionen

Da wir alle mit einem Ego ausgestattet sind, das echte Weisheit und Wahrheit nicht erkennen kann, unterliegen wir nur allzu oft der Illusion, wir hätten alles im Griff und wüssten genau, wie unsere Beziehungen funktionieren, warum unsere Freunde und Partner so ticken, wo deren Probleme liegen.

Immer wieder tauchen in meiner Praxis Menschen auf und bitten mich, schamanisch für ihre Partner zu reisen, die dieses oder jenes Problem hätten: »Wenn sich mein Partner nur ändern würde, wenn er nur endlich aufhören würde, dies und jenes zu tun... dann hätten wir eine wunderbare Beziehung.« Dass dabei das Problem fast immer die eigene Sichtweise vom Partner/Freund ist, wird dabei geflissentlich übersehen. Es ist immer so einfach, sich selbst als gut, wunderbar, makellos und unschuldig zu sehen und alle Beziehungsprobleme auf den anderen zu projizieren.

Veränderung beginnt immer bei uns selbst

Der einzige Mensch, den wir wirklich ändern können und auch ändern dürfen und müssen, sind immer nur wir selbst. Unsere Beziehungen und Begegnungen sind ein wunderbarer Spiegel für unser Innenleben, für unsere eigenen ungelösten Probleme und Defizite. Unser Ego mag das aber nicht hören. Es will nicht erkennen und akzeptieren, dass es nicht perfekt ist, dass es aus Verletzungen und Defiziten in der Kindheit heraus geboren wurde und dass es wieder sterben muss. Für das Ego ist es schier unerträglich, seine eigene Unzulänglichkeit zuzugeben.

Es gibt aber auch ein gesundes Ego jenseits dieses größenwahnsinnigen Teils in uns, das auf unserem natürlichen Überlebenstrieb und auf unserer Fähigkeit, zu lieben und dem großen Ganzen zu dienen, erwächst. Wenn wir wirklich gute Beziehungen und eine echte, tiefe Liebesfähigkeit entwickeln wollen, dann ist es notwendig, vom verletzten Ego zum gesunden Ego zu wechseln, alle Verletzungen in uns zu heilen, in Frieden zu bringen und Versöhnung zu erlangen.

Die Geburt des Egos

Wann und warum aber entsteht eigentlich das verletzte Ego? Bereits ab der Zeugung sind wir vielfältigen Einflüssen ausgesetzt, die uns prägen und beeinflussen. Gerade die Personen, die uns am nächsten stehen, also normalerweise Mutter und Vater, spielen dabei eine wichtige Rolle. All ihre Empfindungen, Erwartungen, Gefühle und Handlungen sind für die Seele des Embryos wahrnehmbar, wirken auf sie ein und prägen sie.

Aus spiritueller Sicht kommen wir aber nicht als unbeschriebenes Blatt in diese Welt. Unsere Seele inkarniert sich immer wieder und bringt die Erfahrungen aus den Vorleben mit, um weiterzulernen und sich weiterzuentwickeln. So haben wir alle schon eine Menge Erfahrungen mit Beziehungen und der Liebe gemacht und bringen dementsprechend bereits eine Grundprägung mit. Aus diesen Erfahrungen heraus haben wir uns in genau das Umfeld inkarniert, in dem wir am besten weiterlernen und an die bisher gemachten Erfahrungen anknüpfen können. Wir gehen in Resonanz mit unserem Umfeld, unseren Eltern und unserer Familie, und – auch aufgrund der bisher gemachten Erfahrungen unserer Seele – ein bestimmtes Rollenverständnis vom »Mannsein« und »Frausein« wird installiert.

Wir tragen also ein bestimmtes Erfahrungsbild von Mann und Frau in uns, und durch unsere Erfahrungen und Prägungen der Kindheit erfährt dieses mitgebrachte Muster eine entsprechende Färbung. Diese wiederum bestimmt unterbewusst die Anteile des inneren Mannes und der inneren Frau in uns. Dabei ist es zunächst nicht wichtig, ob wir selbst Mann oder Frau sind. Wir tragen immer beide Anteile in uns.

Das innere Kind sucht Anerkennung

Je nachdem, wie wir in unserer Kindheit behandelt wurden und unsere Seele die Ereignisse verarbeitet hat, reagiert unser inneres Kind auch heute noch auf andere Menschen, Stimmungen, Situationen und Anforderungen.

Solange wir noch einen Teil in uns tragen, der immer noch verletzt, gedemütigt, unterdrückt, im Mangel von Nähe, Liebe, Achtung und Respekt ist, agiert auch in jeder Beziehung – nicht nur zu anderen Menschen, sondern auch zu uns selbst – dieser Teil. Damit wiederholen wir immer und immer wieder diese Situationen aus unserer Kindheit, nur eben nicht mehr mit unseren Eltern, sondern stellvertretend mit uns selbst, unseren Freunden, dem Partner, den Kollegen, dem Chef oder sonstigen Personen, die sich dafür eignen.

Solange wir unsere Begegnungen nur auf der tief in unserem Unterbewusstsein abgespeicherten Erwartung aufbauen, dass uns die anderen anerkennen, lieben und bewundern sollen, findet keine echte Begegnung statt. Das verletzte, geschwächte, wütende, enttäuschte, traurige innere Kind hofft weiter auf die Anerkennung seines Vaters oder seiner Mutter. Doch diese Anerkennung können wir uns als Erwachsene nur selbst geben. Nur wir sind in der Lage, uns und unser inneres Kind in den Arm zu nehmen, und können so beginnen, uns selbst zu lieben.

Erst wenn wir die ursprünglichen Wunden in Heilung bringen und inneren Frieden finden, haben wir die Voraussetzungen geschaffen, aus diesen alten Mustern auszusteigen. Das innere Kind wird so lange unsere Beziehungen massiv beeinflussen und sich dort austoben, bis es endlich von uns selbst stellvertretend das bekommt, was es braucht: Liebe, Nähe, Anerkennung und Geborgenheit.

Und genau hier beginnt der Teufelskreis beziehungsweise liegt der große Fallstrick, über den wir immer und immer wieder stolpern. Da wir auch als Erwachsener nicht gelernt haben, uns das alles selbst zu geben – hier geht es um das Zauberwort »Selbstliebe« –, sind wir im Mangel und suchen all das unterbewusst im Außen. Der Partner und unser Umfeld sollen uns all das geben, wonach wir uns doch so sehr sehnen, aber leider funktioniert das meist nur für eine begrenzte Zeitspanne. Sobald der Alltag in Beziehungen einkehrt, beginnt der Kleinkrieg, und da unser Gegenüber genauso wie wir einen verletzten Teil in sich trägt, agieren nicht mehr zwei Erwachsene, sondern zwei Kinder, die wild aufeinander einschlagen. Der Kleinkrieg, der sich schnell zu einer großen Schlacht ohne Sieger ausdehnt, beginnt, und plötzlich entpuppt sich der andere, der doch gerade noch in den siebten Himmel gelobt wurde, als Tyrann, Nörgler oder liebloser, arroganter Egoist.

Falls Sie die auf Seite 35 beschriebene Seelenreise noch nicht gemacht haben, dann gehen Sie jetzt zurück, und arbeiten Sie zunächst mit den vorbereitenden Ritualen (ab Seite 169). Machen Sie dann die Seelenreise und wiederholen Sie diese bei Bedarf immer wieder, bis Sie das Gefühl haben, dass die Archetypen der Liebe in Ihnen in Harmonie, Heilung und Liebe sind und sich frei zu Ihrem Wohle entfalten können.

Die Ahnen und ihr Einfluss auf Beziehungen

Die Eltern sind Teil unserer Herkunftsfamilie. Sie sind die Spitze unseres Ahnensystems, das im Idealfall mit seinem Energiefeld hinter uns steht, uns den Rücken stärkt und uns mit seiner Kraft, Weisheit und Liebe durch unser Leben begleitet. Es hilft uns, mit dem in ihm abgespeicherten Erfahrungsschatz der Generationen, die vor uns hier waren, unser Leben zu meistern.

Nun haben viele Menschen aber den Bezug zu ihren Ahnen verloren oder empfinden das Feld ihrer Ahnen eher als belastend denn als weise und kraftvoll. Aber ob wir das wollen oder nicht, wir sind in dieses Kraftfeld hineingeboren und somit ein Teil dieses Systems. Wir können es ablehnen oder ignorieren, aber wir können aus diesem Energiefeld nicht aussteigen. Wir sind in diesem Erdenleben untrennbar damit verbunden. So wie bereits bei den Eltern besprochen, prägen uns auch die Ahnen unterbewusst, indem sie beispielsweise ihre Definition des Mann- und Frauseins, ihre Fähigkeit beziehungsweise Unfähigkeit zur Liebe, ihre Probleme in ihren Beziehungen, ihren Ehen über die Energiefäden des Ahnensystems an uns weitergeben.

Wir können es uns nur sehr schwer vorstellen, dass Menschen und Ereignisse, die weit zurückliegen, noch einen direkten Einfluss auf uns, unser Verhalten und auf unsere Beziehungs- und Liebesfähigkeit haben können. Aber in der therapeutischen Praxis bestätigt sich das immer wieder. In unserer Gesellschaft ist es eine der großen spirituellen Aufgaben, die Verbindung zum Kraftfeld der Herkunftsfamilie wiederherzustellen. Echter Frieden, echte Liebe, echte Beziehungsfähigkeit hängen eben auch davon ab, wie wir in Beziehung zu unserer Herkunft treten, Frieden schließen und in die Liebe gehen.

Wenn Sie spüren, dass Sie mit Ihrer Herkunftsfamilie nicht in Frieden sind oder keinen wirklichen Bezug aufbauen können, der auf Achtung, Respekt und Liebe basiert, dann empfehle ich Ihnen, mein Buch »Versöhnung mit den Ahnen« zu lesen (siehe Literaturverzeichnis auf Seite 187) und damit zu arbeiten. Darin finden Sie alles, was Sie brauchen, um wirklichen, echten Frieden und Versöhnung zu finden und um damit die Kraft der Liebe zum Fließen zu bringen.

Das Ahnenritual

Mithilfe dieses Rituals können Sie überprüfen, ob es in Ihrem Ahnensystem Blockaden gibt, die Sie hemmen und die auch Einfluss auf Ihre Beziehungs- und Liebesfähigkeit haben.

Wenn Sie erkennen, dass es geschwächte oder blockierte Positionen gibt (zur Aufstellung der Ahnen siehe die Grafik auf Seite 46), dann lesen Sie den folgenden Text einfach laut mit der inneren Absicht, dem Wunsch und der Bitte, dass Frieden einkehrt und die Energie der Liebe frei fließen kann:

- Ich steige aus allen alten Rollen aus. Ich bin weder Opfer noch Täter noch Retter. Ich bin ich!
- Ich übernehme die Verantwortung für mich selbst und schiebe sie niemand anders zu.
- Ich liebe mich selbst, so wie ich bin.
- Weil ich mich selbst lieben und annehmen kann, kann ich auch dich so lieben und annehmen, wie du bist.
- Ich achte mich, und ich achte dich.
- Ich wertschätze mich, und ich wertschätze dich.
- Was auch immer passiert ist – es ist nicht mehr zu ändern. Ich bin hier, um mich vor deinem Schicksal zu verneigen.
- Ich verzeihe mir selbst.
- Ich verzeihe dir und bitte dich, mir zu verzeihen.
- Ich lasse alle behindernden Glaubenssätze los.
- Ich lasse auf allen Ebenen los und gehe in die Hingabe.
- Was jetzt zum Wohle aller geschehen will, darf geschehen.

- Alles, was mich blockiert, übergebe ich dem Feuer der Transformation.
- Alles, was dich blockiert, übergeben wir dem Feuer der Transformation.
- Ich habe genauso wie du ein Anrecht auf die Liebe, Kraft und Weisheit unseres Herkunftssystems.
- Ich bitte dich, die Kraft unseres Ahnensystems freizugeben und fließen zu lassen.
- Ich danke dir für deine Hilfsbereitschaft.

Für das Ahnenritual brauchen Sie diesen Text und acht Zettel, die Sie wie in der Grafik beschriften und auf den Boden legen. Wenn Sie möchten, dann suchen Sie sich acht Steine und legen diese zusätzlich als Platzhalter auf den jeweiligen Zettel. Bevor Sie mit der Arbeit beginnen, treffen Sie wieder wie im Kapitel »Rituale« beschrieben die Vorbereitungen zum Ablauf eines Rituals (Seite 172) und schaffen sich so einen spirituellen geschützten Rahmen.

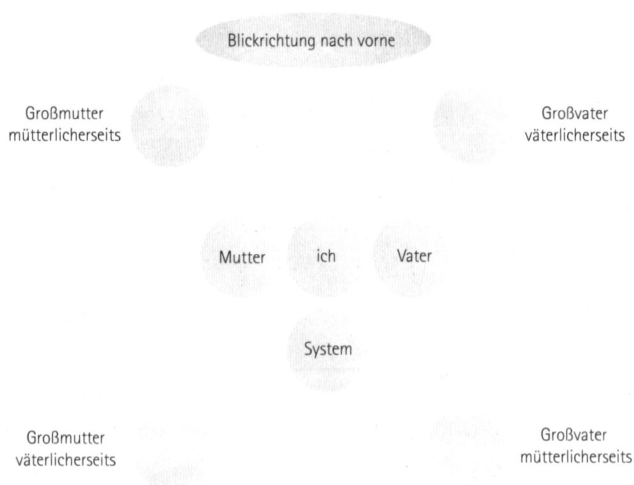

Ahnenritual

Nehmen Sie sich eine halbe Stunde Zeit, in der Sie ungestört sind. Sorgen Sie für eine ruhige, entspannte Atmosphäre. Zünden Sie eine Kerze an, und wenn Sie mögen, räuchern Sie mit einer Räuchermischung, die Sie gern haben (eine spezielle Ahnenmischung finden Sie in den Bezugsquellen auf Seite 188). Sie können auch eine Meditationsmusik, die Ihnen gefällt, oder den Klang einer schamanischen Trommel als Begleitung laufen lassen.

Versuchen Sie, mit allen Sinnen ganz im Hier und Jetzt zu sein, und lassen Sie sich nicht ablenken, weder von Störungen im Außen noch von auftauchenden Gedanken und Gefühlen.

Setzen Sie sich nicht unter Druck und geben Sie jegliche Erwartungshaltung auf. Je weniger Sie erwarten und je unvoreingenommener Sie vorgehen, desto besser funktioniert die Übung.

Machen Sie zunächst die vorbereitenden Rituale »Der heilige Raum« (Seite 174) und »Der Schutzkreis« (Seite 176).

Gehen Sie dann zunächst in die Mitte auf Ihren eigenen Platz (in der Grafik: »Ich«). Verbinden Sie sich mit Ihrer Atmung, und spüren Sie in den Kontakt Ihrer Fußsohlen zur Erde hinein. Bitten Sie nun Ihre Eltern, Großeltern und Ihre Ahnenreihe hinter sich, dass sie Ihnen klar und deutlich signalisieren, ob es Bereiche in Ihrem gesamten Herkunftssystem gibt, die den Fluss der Liebe blockieren oder verfälschen, einen negativen Einfluss auf Ihre Beziehungsfähigkeit haben oder Ihre Rolle als Mann oder Frau schwächen. Achten Sie dann einfach auf Ihre eigene Wahrnehmung, auf Ihre Gedanken, Ihre Gefühle und Ihr Körperempfinden.

Zieht es Sie an eine bestimmte Position oder zeigt sich in Ihrer Wahrnehmung oder vor Ihrem geistigen Auge ein Gedanke, ein Gefühl oder ein Bild, das Ihnen aufzeigt, dass an einer Position in Ihrer Aufstellung etwas blockiert? Verlassen Sie sich einfach darauf, dass das, was sich zeigt, richtig ist, und lassen Sie sich nicht von eventuell auftretenden Zweifeln Ihres Egos verunsichern.

Gehen Sie dann auf die Position, zu der es Sie zieht. Verbinden Sie sich hier zunächst wieder mit Ihrer Atmung und spüren Sie in den Kontakt Ihrer Fußsohlen zur Erde hinein. Verbinden Sie sich mit der jeweiligen Energie, also Vater, Mutter, Ahnensystem und so weiter, und achten Sie wieder auf Ihre Wahrnehmung. Spüren Sie durch Ihre ganz individuelle Wahrnehmung etwas, was Ihren Weg der Liebe blockiert und beeinflusst, dann sprechen Sie hier den Text von Seite 45. Wiederholen Sie bei Bedarf diesen Schritt mehrmals. Bedanken Sie sich und gehen Sie dann an die nächste Position, an die es Sie zieht. Hier gehen Sie wieder genauso vor wie eben beschrieben. Das machen Sie so lange, bis sich in Ihnen deutlich spürbar ein Gefühl des Friedens einstellt.

Bedanken Sie sich zum Schluss bei allen Beteiligten und beenden Sie dann Ihre Ahnenaufstellung.

Die vier Fallstricke in Beziehungen

Jede Form von Beziehung läuft nach bestimmten Grundmustern ab. Betrachten wir die auftretenden Probleme etwas genauer, so tauchen immer wieder vier große Bereiche auf, die Probleme bereiten.

Fallstrick 1: Wir haben eine falsche Vorstellung von Beziehungen

Wenn es um Beziehungen geht, geben die meisten Menschen immer die gleichen Antworten auf die Frage, welche Eigenschaften denn der »Traumpartner« haben sollte: »Ich wünsche mir einen Partner, der mich liebt, der treu ist, ehrlich, zuverlässig, mit mir eine Familie gründet, mit mir durch dick und dünn geht, mich auf Händen trägt, mir Sicherheit gibt, mich nicht einengt, dem ich blind vertrauen kann …«

Die jetzigen oder zukünftigen Partner stehen dabei unter einem enormen Erwartungsdruck. Wir sollten also Abstand von diesen »Allgemeinplätzen« nehmen und uns fragen, was wir wirklich von einer Beziehung erwarten, was wir uns aus tiefstem Herzen von unserem Partner wünschen. Um eine wirklich erfüllende Beziehung führen zu können, ist es erst einmal notwendig, jenseits aller Konventionen und Prägungen seine ganz ureigene Vision von Beziehung zu finden.

Fallstrick 2: Wir haben keine Verbindung zu den eigenen inneren Quellen der Kraft und Weisheit

Wenn wir uns auf den Weg machen und uns die Kraft der Seele, des Unterbewusstseins und des Herzens erschließen, öffnen sich oft völlig neue Tore der Wahrnehmung und Erkenntnis, und wir beginnen, aus uns selbst heraus zu leben und aus diesen Quellen Kraft zu schöpfen. Damit verändert sich ganz automatisch die Erwartung an Beziehungen, wenn wir wissen, wer wir wirklich sind, wo unsere inneren Stärken und Quellen der Kraft sind und was wir aus unserem tiefsten Inneren heraus wirklich von Beziehungen und von der Welt um uns herum erwarten und uns wünschen.

Fallstrick 3: Wir lassen uns von unseren Ängsten leiten

Der Blick nach vorne in die Zukunft ist nicht klar, sondern von der Angst vernebelt. Anstatt sich mutig sich selbst und der Welt zu stellen, dominiert die Verdrängung, die Kompensation oder der Rückzug. So überlassen wir unser Leben der Angst. Hier gibt es vier Möglichkeiten:

1. Wir haben Angst vor der Welt da draußen und sind deshalb in uns zurückgezogen, schüchtern, innerlich klein und unsicher. Wir trauen uns oft gar nicht, mit unseren Mitmenschen wirklich in Kontakt zu treten. Wir sind in unseren Hemmungen gefangen. Wir sehnen uns nach einem starken Partner an unserer Seite, der uns die Angst nimmt, uns beschützt und auf uns aufpasst. Hier bleiben wir in der Kindrolle stecken.
2. Wir haben Angst vor der Welt da draußen, verdrängen diese Angst aber in unser Unterbewusstsein und kompensieren sie durch nach außen zur Schau gestellte Stärke und materiellen Besitz. Unsere Unsicherheit spüren wir nicht mehr, allerdings entspringt unser Handeln genau denselben zugrunde liegenden Ängsten wie unter 1. beschrieben.
3. Wir haben Angst vor uns selbst und laufen vor unseren eigenen Gefühlen, heimlichen Wünschen und Sehnsüchten davon. Wir verdrängen alles, was an vermeintlich

negativen, angstmachenden Gefühlen und Gedanken in uns auftaucht. Anstatt dem auf den Grund zu gehen und zu schauen, woher die Gedanken und Gefühle kommen, kämpfen wir oft nutzlose Schlachten in uns und orientieren uns lieber an einem Wertesystem, das uns von der Gesellschaft, der Kirche, dem Elternhaus, den Ahnen, der Clique und so weiter vorgegeben wird.

4. Wir haben Angst vor uns selbst und ziehen uns deshalb als Einzelgänger zurück, damit ja niemand erkennt, wie »komisch« und »seltsam« wir doch eigentlich sind.

Fallstrick 4: Wir leben in der Vergangenheit und nicht im Jetzt

Wir alle haben in der Vergangenheit mehr oder weniger große Verletzungen und Traumata erlitten, die uns geprägt und beeinflusst haben. Gerade wenn es um Beziehungen geht, kommen manche Menschen überhaupt nicht im »Hier und Jetzt« an, sondern wiederholen einfach immer nur ihre Erfahrungen und Erlebnisse der Vergangenheit, die sie geprägt haben. Die Gedanken kreisen ständig um Situationen, die schon längst wieder vorbei sind. Der Partner muss sich unsere alten Geschichten immer wieder anhören. Anstatt mit den Menschen, die uns jetzt begegnen, völlig neue Erfahrungen in diesem Moment zu machen, benutzen wir unser Gegenüber, um unsere alten, traumatischen Erfahrungen zu wiederholen oder wieder um die »Ersatzanerkennung« zu betteln, die wir als Kinder nie erhalten haben.

Wollen wir wirklich authentische Beziehungen führen, die uns tief berühren, befriedigen und beglücken, dann ist es notwendig, sich aus diesen Fallstricken zu befreien. Erst echte innere Freiheit jenseits aller Traumata, Ängste und Erwartungen ermöglicht echte Begegnungen und echte Beziehungen, die nicht nur auf Illusionen und Luftschlösser bauen, sondern gut verwurzelt tiefste Erfüllung schenken.

Liebe ist ein Grundprinzip des Menschseins, ja des ganzen Universums. Liebe ist nichts, was wir lernen müssen, sie ist einfach da und wartet nur darauf, frei fließen zu dürfen und unser Leben zu bereichern. Es ist die Aufforderung des Menschseins: »Finde die Liebe in dir, lebe die bedingungslose Liebe, gib dich ganz der Liebe hin – der Liebe zu dir selbst, zu allen anderen Wesen, zum Universum, zur gesamten Schöpfung und zum Ursprung allen Seins.« Erst in der Fähigkeit, bedingungslos zu lieben, kommen wir im Menschsein an. Erst hier sind wir wieder zu Hause, sind erleuchtet, erwartungslos, bedingungslos. Erst in der bedingungslosen Liebe sind wir in der Lage, das Leben zu feiern, himmlisch zu lieben und göttlich zu vögeln.

Liebe findet immer genau in diesem Moment statt. Sie fragt nicht nach der Vergangenheit und nicht nach der Zukunft, sie feiert das Leben in diesem Moment mit all seinen Facetten und Spielarten. Echte Liebe »ist« einfach und will nicht oder stellt irgendwelche Bedingungen. Wir sind in unserem wahren Selbst genau das – bedingungslose Liebe.

Mit diesen vier Fallstricken werden Sie auf Ihrem Weg durch das Medizinrad der Liebe (ab Seite 65) sicherlich immer wieder konfrontiert. Hier hilft es, die Rituale ab Seite 169 durchzuführen, um sich aus diesen Fallstricken zu lösen und die dahinterliegenden Ursachen zu erlösen.

Gehen Sie dabei wie ab Seite 169 beschrieben vor und machen Sie zunächst die vorbereitenden Rituale »Der heilige Raum« (Seite 174) und »Der Schutzkreis« (Seite 176). Nehmen Sie dann Ihren persönlichen Fallstrick, verbinden Sie sich zunächst über das Ritual Nr. 1 »Die Vision des Herzens« (ab Seite 177) mit Ihrem Herzen, geben Sie danach alles Belastende im Ritual Nr. 2 »Das Feuer der Transformation« ab (ab Seite 179), und verankern Sie Ihren neuen, erwünschten Zustand mit dem Ritual Nr. 3 »Die Erd- und Sonnenatmung« (ab Seite 181).

Beziehungen als Chance

Nun haben wir uns angeschaut, woher unsere Vorstellungen von Beziehungen kommen, wie sie entstanden sind, wie sie geprägt wurden und was uns immer wieder daran hindert, wirklich bedingungslos zu lieben, authentische, erfüllende Beziehungen zu leben und richtig guten Sex zu haben.

Wenn Sie bisher immer wieder enttäuscht wurden, immer wieder die »falschen« Menschen angezogen haben, nicht glücklich mit sich selbst sind und kein erfülltes Liebesleben haben, dann lade ich Sie ein, Ihre bisherigen Beziehungsmuster, Ihre Sichtweise von Beziehungen, von Partnerschaft und Liebe zu überdenken, aus einer neuen Perspektive heraus zu betrachten und zu verändern.

Haben wir in Beziehungen immer wieder unbefriedigende Ergebnisse, dann liegt es doch nur an uns, unsere Sichtweisen, Erwartungen, falschen Vorstellungen und unsere Handlungsweisen zu verändern. Wir sind aufgefordert, in neue Richtungen zu denken und daraus neue, bessere Sichtweisen und Strategien zu entwickeln, die uns zukünftig davor bewahren, immer wieder dieselben Fehler zu begehen und immer wieder enttäuscht zu werden.

Manche Menschen gehen allerdings genau den entgegengesetzten Weg: Anstatt sich selbst zu hinterfragen, verschließen sie sich und bauen einen Schutzwall um sich herum auf, um ja nicht noch einmal verletzt zu werden und um sich vor weiterem Herzschmerz zu schützen. Damit schneiden sie sich von einer echten Begegnung und Berührung ab. Sie lassen niemanden mehr an sich heran und leben in ihrer selbst gewählten inneren Isolation.

Es erfordert Mut, diesen Schutzraum zu verlassen, und natürlich setzen wir uns damit der Gefahr aus, erneut verletzt und abgelehnt zu werden. Wir gehen damit das Risiko ein, wieder Schmerzen zu empfinden und zu leiden. Niemand kann Ihnen garantieren, dass das nicht passieren wird. Letztendlich ist es eine Entscheidung, die nur Sie treffen können:

- Wollen Sie wirklich lieben und den siebten Himmel auf Erden erleben?
- Wollen Sie sich selbst begegnen und sich bedingungslos lieben lernen?
- Wollen Sie wirklich ekstatischen, tief gehenden, guten Sex erleben?
- Oder wollen Sie lieber vor dem Leben davonlaufen, sich hinter Ihren Mauern verschanzen und dem Leben zuschauen, ohne sich wirklich davon berühren zu lassen?

Wer nicht mehr liebt und nicht mehr irrt,
der lasse sich begraben.

Johann Wolfgang Goethe, deutscher Schriftsteller (1749–1832)

Beziehungen und Liebe

Es gibt wohl kein anderes Thema, über das im Laufe der Menschheitsgeschichte mehr gesagt und geschrieben wurde als über die Liebe zwischen zwei Menschen. Kein anderes Thema hat mehr Mythen, Gedichte und Geschichten hervorgebracht als die Liebe. Liebe beschäftigt uns zutiefst, wir alle sind auf der Suche nach ihr, finden sie nur selten und können sie meist nicht festhalten. Das liegt in der Natur der Liebe. Wir projizieren sie auf andere Menschen, oft auch auf Tiere, selten auf das Leben oder auf die Schöpfung als solche. Wir können Liebe überall dort finden, und doch können wir sie nicht wirklich fassen. Liebe scheint eines der wichtigsten Themen der Menschen zu sein und bleibt trotzdem oft unerreichbar oder zeigt sich nur als Hauch dessen, was wir uns wünschen und erhoffen.

Würden wir aufhören, sie zu verklären, und einfach einen Blick jenseits unserer Sehnsucht auf die Liebe werfen, so würden wir erkennen, dass die meisten Strategien, die wir anwenden, um die Liebe zu finden, niemals dauerhaft zum Ziel führen können. Sie sind schlichtweg ungeeignet dazu, weil sie auf falschen Denkvoraussetzungen beruhen und vorwiegend von unserem verletzten Ego gespeist werden, das zu echter, tiefer Liebe überhaupt nicht fähig ist.

So suchen wir in der Welt da draußen nach der Liebe, anstatt uns auf den Weg in das Land in uns zu machen, mit allen Illusionen aufzuräumen, unsere alten Wunden und Verletzungen zu heilen und die Liebe in uns zu finden. Denn dort wohnt sie und wartet nur darauf, dass wir sie endlich in unser Leben lassen. Tief in uns allen schlummert jenseits aller Verletzungen und jenseits aller Mauern und Abwehrmechanismen, die wir uns selbst gebaut haben, die Liebe. Sie ist zeitlos, unendlich und größer als alles, was wir uns nur vorstellen können. Sie durchdringt alles, ja, letztendlich ist alles aus der Liebe geboren und von ihr durchdrungen. Im tiefsten Kern sind wir alle und die gesamte Schöpfung reine, pure Liebe.

Die Spielwiese des Glücks und der Liebe

Was suchen Sie in einer Beziehung, was erwarten Sie von Ihrem Partner?

- Suchen Sie jemanden, der Sie glücklich macht, der Ihnen Sicherheit und Geborgenheit gibt?
- Suchen Sie jemanden, der Ihnen die Last des Lebens abnimmt, der mit Ihnen eine Familie gründet, der Ihnen treu ist und Sie auf Händen trägt?
- Suchen Sie jemanden, der Ihnen das Gefühl gibt, liebenswert, besonders, einzigartig zu sein?

Dann werden Sie niemals die echte, wahre Liebe finden, denn all diese Erwartungen haben rein gar nichts mit Liebe zu tun. Es sind Erwartungen, die wir in uns tragen und die wir uns selbst nicht erfüllen können.

Beziehungen sind aus spiritueller Sicht völlig ungeeignet, um dort die Liebe zu finden, denn all unsere Wünsche, Sehnsüchte und Erwartungshaltungen basieren auf unserem Ego, auf Defiziten und Verletzungen in uns. Finden wir jemanden, der diese Defizite auffüllt, so jauchzt unser Ego und glaubt, das sei jetzt die Liebe. Solange wir aber andere Menschen brauchen, um uns ganz, glücklich, liebenswert und sicher zu fühlen, benutzen wir letztendlich diese Menschen und machen uns abhängig von ihnen. Damit wir das nicht merken, gaukeln wir uns in einem Akt des Hormonrausches und der Selbsttäuschung vor, wir hätten endlich die große Liebe gefunden.

Natürlich fühlt es sich gut an, wenn uns jemand sagt, wie wundervoll, schön, liebevoll oder großherzig wir doch sind. Aber wenn wir uns in unserem tiefsten Inneren klein, hässlich, nicht liebenswert oder egoistisch fühlen, dann brauchen wir immer und immer wieder die Bestätigung im Außen. Diese Strategie ist in letzter Konsequenz immer zum Scheitern verurteilt, weil sie nicht die Ursachen unserer Minderwertigkeitsgefühle heilt, sondern nur Symptome lindert.

»Zeig mir, wer ich bin und wo ich Probleme habe«

Würden wir Beziehungen als einen Spiegel im Außen betrachten und dankbar annehmen, was uns gezeigt wird, dann wären wir schon einen großen Schritt weiter und müssten nicht so viele unerfüllbare Erwartungen an unsere Freunde und Partner stellen. Es wäre mehr Platz für Freiheit, und der Raum zwischen uns könnte sich mit echter Liebe und Wertschätzung füllen.

Jede Begegnung mit einem anderen Menschen, mit Situationen und dem Schicksal stellt uns letztendlich die Fragen:

- Wer bist du?
- Wo stehst du in deiner persönlichen Entwicklung?
- Wo hast du noch Probleme und bist nicht heil?

Könnten wir Beziehungen als ein Spielfeld betrachten, auf dem uns unser Partner wie ein Lehrer unsere Schwächen und Defizite aufzeigt, damit wir sie erkennen und transformieren können, dann bräuchten wir uns nicht mehr über unsere Partner zu ärgern, wenn sie wieder und wieder die gleichen Schmerzknöpfe bei uns drücken. Wir bräuchten sie nicht mehr wegzustoßen, wenn sie uns vermeintlich verletzen, und wir könnten aufhören, uns beleidigt zurückzuziehen. Wir könnten anfangen, genau hinzuschauen, genau zuzuhören, und in den Spiegel schauen, damit wir erkennen, wer wir wirklich sind. Wir würden aufhören, uns zu bekriegen, sondern könnten uns bei unserem Gegenüber für die Lebenslektion bedanken. Wir könnten wertschätzen, dass sich jeder Mensch in einer Begegnung mit uns zur Verfügung stellt, damit wir uns erkennen können.

Der richtige Blickwinkel

Es geht also darum, unseren Blickwinkel zu verändern. Solange wir unsere Begegnungen und Beziehungen von unserem Verstand und mit der Brille unseres Egos betrachten, können wir die tiefere Wahrheit hinter der sichtbaren Realität nicht erkennen. Erst wenn wir uns mit unserem Herzen verbinden, also mit dem Teil in uns, über den sich die Liebe in uns offenbaren und zeigen kann und will, können wir anfangen, Beziehungen und Liebe realistisch zu betrachten, und so wirklich liebesfähig werden. Erst durch die Verbindung zu unserem Herzen werden wir zu dem, was wir sind, und können das auch erkennen und in die Welt tragen. Echte Liebe benutzt keine anderen Menschen, beutet nicht aus, manipuliert nicht und hält nicht fest. Echte Liebe lässt frei, gibt sich hin, ist Diener für das große Ganze, ist wahre, echte Ekstase.

Die Selbstliebe und die Nächstenliebe

In der Bibel stoßen wir immer wieder auf eine grundlegende Aussage des jüdischen und christlichen Glaubens: *»Liebe deinen Nächsten wie dich selbst!«*

Nächstenliebe basiert auf Selbstliebe. Wir müssen also zunächst anfangen, uns selbst zu lieben, bevor wir überhaupt in der Lage sind, andere zu lieben. Wie sollen wir wissen, wie sich echte Liebe anfühlt, wenn wir uns selbst – den Menschen, der uns am nächsten steht – nicht annehmen, lieben, achten und ehren können? Wenn wir das verstehen und anfangen, an unserer Selbstliebe zu arbeiten, anstatt immer nur im Außen nach vermeintlicher Anerkennung, Bestätigung und Liebe zu suchen, dann haben wir den Schlüssel gefunden, der uns die Tür zur großen, allumfassenden, ekstatischen himmlischen Liebe öffnet.

Der Weg zum himmlischen Lieben

Wir müssen also zunächst lernen, glücklich mit uns selbst zu sein und uns selbst Anerkennung und Wertschätzung entgegenzubringen. Wir müssen lernen, Zeit mit uns selbst zu verbringen und uns – so wie wir in diesem Moment sind – mit all unseren vermeintlichen Fehlern und Schwächen anzunehmen und wertzuschätzen. Erst wenn wir mit uns selbst in Frieden sind, kann auch Frieden in unsere Beziehungen einkehren. Erst wenn wir gelernt haben, uns selbst zu lieben, kann sich echte, tiefe Liebe in allen Begegnungen und in einer Beziehung zeigen.

Warum sollte uns ein Partner lieben, wenn wir uns selbst nicht lieben? Warum sollte unser Partner uns Komplimente machen, wenn wir uns selbst den ganzen Tag in unseren Gedanken schlechtmachen und an uns zweifeln? Wir erwarten von unserem Partner, dass er es 24 Stunden am Tag mit uns aushält, obwohl wir uns selbst nicht ertragen können.

So bauen wir auf unserer Wanderung durch das Medizinrad der Liebe (ab Seite 65) im ersten Schritt eine Liebesbeziehung zu uns selbst auf, bevor wir uns dem »Du« zuwenden. Hier wird dann die tiefere Essenz von Beziehungen und Begegnungen schnell deutlich. Denn jede Begegnung spiegelt uns letztendlich unsere eigenen bewussten und unterbewussten Gedanken und Gefühle wider und erinnert uns an tief in unserer Seele abgespeicherte Verletzungen und Traumata unserer Kindheit. Hier stellt sich die Frage, was das alles mit uns zu tun hat, was uns an unserem Gegenüber stört. Was will uns diese Begegnung zeigen? Erst wenn wir in Frieden sind mit uns und unseren Mitmenschen, ist der Grundstock gelegt für wirklich tief gehende, hingebungsvolle Beziehungen und für wundervollen Sex.

Das große Abenteuer

Jede Form von Veränderung führt in Bereiche des Lebens, die wir bisher nicht betreten haben. Sobald wir uns auf die Reise machen, betreten wir Neuland. Ob unsere Reise in das Land der Liebe, der Beziehungen und der Sexualität dabei zu einer Heldenreise wird oder zu Enttäuschung und Frustration führt, liegt nur an uns und unserer Einstellung.

Jede Veränderung erzeugt Angst und Unsicherheit. Sobald wir unsere Komfortzone, in der wir uns normalerweise aufhalten, verlassen, werden auch alle Kräfte aktiviert, die keine Veränderung zulassen wollen. Eine innere Stimme flüstert uns vielleicht zu: »So schlimm ist unser Leben doch gar nicht. Warum etwas verändern? Vielleicht wird alles nur noch schlimmer. Hier ist es doch ganz gemütlich.«

Hier sind Sie aufgefordert, klare Entscheidungen zu treffen:

- Wollen Sie sich selbst von einer ganz neuen Seite entdecken?
- Wollen Sie Ihre wahre innere Größe entdecken und aus dieser heraus leben?
- Wollen Sie wirklich aus tiefstem Herzen die Liebe in ihrer tiefsten Form entdecken?
- Wollen Sie in Ihre Schöpferkraft gehen und sich verändern?
- Wollen Sie die Beziehung zu sich selbst, zu Ihren Freun-

den und Bekannten und zu Ihrem Partner auf der Basis echter, authentischer Liebe neu gestalten?
- Wollen Sie Ihre Sexualität neu entdecken?
- Sind Sie bereit für das Abenteuer, himmlisch zu lieben und göttlich zu vögeln?

Wenn Sie sich sicher sind, dass Sie bereit sind für Veränderung, dann machen Sie sich jetzt auf den Weg. Jede Veränderung braucht zunächst neue Gedanken, Ideen und Vorstellungen. Und jede Veränderung beginnt genau jetzt – nicht in einer Stunde, nicht morgen oder in einer Woche, sondern jetzt.

Um wirklich himmlisch lieben und göttlich vögeln zu können, ist es wichtig, die Hintergründe und Zusammenhänge zu erkennen, zu verstehen und dann entsprechend zu handeln, um notwendige Veränderungen zu bewirken.

Falls Sie bis hierher gelesen haben, aber noch nicht die Seelenreise zu den Archetypen der Liebe durchgeführt haben (siehe ab Seite 35) und Ihre Ahnen noch nicht aufgestellt haben (siehe ab Seite 46), dann lade ich Sie nochmals dazu ein. Die besten Erkenntnisse bringen uns alle nicht weiter, wenn wir in uns keine Veränderungen vornehmen und nicht ins Handeln kommen.

Mit allen Erkenntnissen, Problemen und Hindernissen, die Ihnen in diesem Kapitel begegnet sind, können Sie mit den im Kapitel »Rituale« beschriebenen Ritualen (ab Seite 169) weiterarbeiten.

Brauchen Sie zu einer Frage oder einem Problem eine tief gehende Erkenntnis oder eine andere Sichtweise, so machen Sie das Ritual Nr. 1 »Die Vision des Herzens« (ab Seite 177).

Wollen Sie etwas loslassen und transformieren, so führen Sie das Ritual Nr. 2 aus »Das Feuer der Transformation« (ab Seite 179).

Wollen Sie etwas hierher auf die Erde bringen, verwurzeln und mit Energie verbinden, so machen Sie das Ritual Nr. 3 »Die Erd- und Sonnenatmung« (ab Seite 181).

Das Medizinrad der Liebe

Nun machen wir uns auf den Weg und beginnen, das Medizinrad der Liebe aktiv zu bereisen.

In allen Kulturen gibt es unterschiedliche Medizinräder, die je nach Absicht und Zweck mehr oder weniger kompliziert aufgebaut sind. Das Medizinrad der Liebe setzt sich aus vier Quadranten zusammen und dreht sich um einen Mittelpunkt. Jeder Quadrant steht dabei für ein bestimmtes Lebensfeld und für eine damit verbundene Lebensaufgabe in Bezug auf die Liebe, die Beziehungsfähigkeit und die Sexualität, die es zu meistern gilt: Selbstliebe, Nächstenliebe, Hingabe und Ekstase. Erst wenn wir alle vier Quadranten erfolgreich durchwandert und erlöst haben, können wir dauerhaft und stabil in der Mitte stehen und aus einem Gefühl der inneren Freiheit heraus, verbunden mit der Urliebe der Schöpfung, unseren Weg durch das Leben gehen.

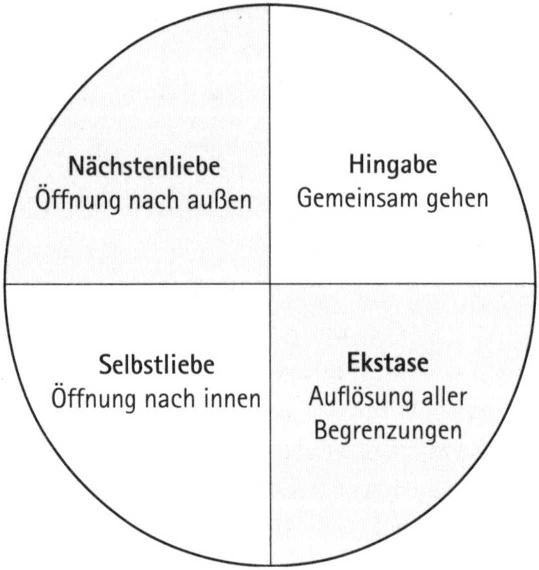

Im Medizinrad der Liebe gibt es keinen Anfang und kein Ende. Wo wir letztendlich anfangen, ist nicht entscheidend. Keiner der vier Bereiche ist wichtiger als der andere. Alle bedingen sich gegenseitig. Aus praktischen und didaktischen Gründen beginnen wir hier im Buch mit der Selbstliebe.

Ziel der Reise durch das Medizinrad der Liebe ist es, alle Hindernisse, Hemmnisse und Blockaden in den einzelnen Bereichen zu erkennen und konsequent in Lösung zu bringen, sodass die Energie der Liebe wieder frei fließen kann. So steht prickelnden Begegnungen und richtig gutem Sex nichts mehr im Wege, und wir sind in der Lage, uns selbst zu lieben und unsere Begegnungen, unsere Beziehung und unser Sexualleben in vollen Zügen zu genießen. Erst wenn wir wieder wirklich innerlich frei sind, können wir uns in die Mitte stellen, und die Essenz der Liebe kann in ihrer Reinform wieder durch uns strömen zu unserem eigenen Wohl und zum Wohl aller Wesen und der gesamten Schöpfung.

Auf unserer Reise stoßen wir sicherlich immer wieder an unsere Grenzen und treffen auf Hindernisse. Wir werden mit unseren tief liegenden innerseelischen Problemen und Blockaden konfrontiert. Aber denken Sie bei allem, was Ihnen auf Ihrer persönlichen Reise begegnet, immer daran: Echte Liebe macht Freude, bringt Spaß am Leben mit sich, führt zu einem echten, authentischen Auftreten und zu anregendem, prickelndem Austausch mit den Menschen um uns und mit der ganzen Schöpfung. Echte Liebe führt in die Leichtigkeit, löst uns aus der Schwere und aus den Problemen und führt uns in eine innere Freiheit, in der wir wieder der Mensch sein dürfen, der wir sind: authentisch, mitfühlend, strahlend, voller Freude und Liebe.

Sie sind hier nochmals eingeladen, alle folgenden Übungen immer wieder praktisch durchzuführen. Das alleinige Durchlesen dieses Buches führt sicherlich noch zu keiner Veränderung in Ihrem Leben. Nur die Praxis, also das Handeln, garantiert Ihnen einen dauerhaften Erfolg.

Selbstliebe – Öffnung nach innen

In diesem Quadranten des Medizinrades der Liebe sind wir eingeladen, uns nach innen zu öffnen und uns mit der Selbstliebe zu verbinden, diese zu aktivieren und fließen zu lassen.

Sich selbst zu lieben ist der Beginn
einer lebenslangen Romanze.

Oscar Wilde, irischer Schriftsteller (1854-1900)

Das Problem mit dem »Ich«

Solange wir nicht wirklich in der Selbstliebe sind, schleppen wir einen ganzen Sack voller Probleme mit uns herum, die eigentlich völlig unnötig sind:

- Wir können uns nicht einfach so annehmen, wie wir in diesem Moment sind.
- Wir sind uns unserer wirklichen, tief liegenden Bedürfnisse, die hinter den ganzen Schleiern des Egos und der Selbstablehnung versteckt sind, nicht bewusst.
- Wir sind abhängig, weil wir nicht in der Lage und nicht wirklich bereit sind, uns unsere Bedürfnisse selbst zu befriedigen.
- Wir können uns nicht wirklich authentisch selbst in den Arm nehmen und uns selbst einfach so lieben, wie wir sind, ohne Wenn und Aber, ohne Forderungen, ohne Einschränkungen, ohne Tabus.

- Daraus resultierend sind wir nicht in der Lage, wirklich echt und authentisch mit dem »Du« zu kommunizieren und in Kontakt zu treten. Denn diese Begegnung setzt voraus, dass sie in absoluter innerer Freiheit stattfindet, die wiederum nur in echter Selbstliebe möglich ist.

Solange keine Selbstliebe vorhanden ist, findet keine echte Begegnung statt, sondern nur ein Austausch zwischen zwei verletzten, unbefriedigten Individuen, die ihr wahres Wesen hinter einem Schleier verstecken. Hier begegnet sich letztendlich nur der Schein des Seins, nicht aber das Sein an sich.

Selbstliebe ist die Basis

Ohne Selbstliebe ist eine wirklich echte, authentische Begegnung nicht möglich. Wenn wir den siebten Himmel erleben wollen, was die Liebe angeht, und wenn wir wirklich »göttlich guten« Sex erleben wollen, ist das die Basis von allem. Darum ist es so wichtig zu lernen, sich selbst zu lieben.

Selbstliebe ist nichts, was man entweder hat oder nicht hat. Jeder, der das wirklich will, ist in der Lage, sich aus der Selbstablehnung zu befreien und zu echter Selbstliebe zu finden. »Liebe deinen Nächsten wie dich selbst« hat Jesus uns mit auf den Weg gegeben, aber den Teil »wie dich selbst« scheinen wir immer wieder zu vergessen oder völlig auszublenden. Wir suchen nach Liebe, Anerkennung und Bestätigung im Außen und vergessen dabei, dass der einzige Mensch, der uns wirkliche, echte Anerkennung, Liebe, Zuneigung und Geborgenheit geben kann, zunächst wir selbst sind, weil alles andere letztendlich auf einer Illusion basiert.

Wie wollen Sie echte Anerkennung im Außen bekommen,

wenn Sie sich selbst nicht anerkennen, wenn Sie sich selbst kleinmachen, sich hässlich fühlen, ständig an sich rummäkeln? Wenn dann ein anderer Mensch sagt, wie großartig, schön, wundervoll und liebenswert Sie sind, wie sollten Sie das in Ihrer Selbstablehnung im tiefsten Innern glauben können? Erst wenn Sie sich selbst wirklich lieben, können Sie die Liebe anderer annehmen.

Warum die Selbstliebe nicht fließt

Warum aber tun sich die meisten Menschen so schwer mit der Selbstliebe? Warum können wir uns nicht einfach so annehmen, wie wir sind?

Das hängt, wie bereits im letzten Kapitel beschrieben, vor allem mit unserer Herkunft zusammen, mit unserer Erziehung, mit den vielen »Neins«, die wir tagtäglich in unserer Kindheit zu hören bekamen und auch heute noch immer zu hören bekommen. Wir haben schlicht und ergreifend nicht gelernt, uns selbst in unserer Ganzheit zu lieben, so wie wir sind. Von frühester Kindheit an haben wir stattdessen gelernt, dass wir uns Liebe verdienen müssen und dass wir Anerkennung nur über Leistung bekommen. Wir durften nicht so sein, wie wir sind. Die wenigsten wurden in ihrem ganzen Sein einfach bestätigt und bedingungslos geliebt.

Als Erwachsene führen wir dieses absurde Spiel in vielerlei Facetten einfach weiter, ohne uns wirklich Gedanken darüber zu machen, was wir da eigentlich tun und was das mit uns macht. Wir suchen weiter über Anpassung, Selbstverleugnung, Leistung und so weiter Anerkennung im Außen, anstatt zu überlegen, was wir tun können, um uns all das selbst zu geben.

Auflösung der Blockaden

Was müssen und können wir aber tun, um uns all das geben zu können? Als Allererstes müssen wir uns darüber im Klaren sein, worin unsere ganz persönlichen Traumata und Beschränkungen bestehen, die dazu geführt haben, dass wir uns nicht so lieben und anerkennen können, wie wir sind. Wir müssen uns fragen, welche Verletzungen dazu geführt haben, dass wir uns vielleicht einen Schutzpanzer angegessen haben, dass wir vielleicht in einen Suchtmechanismus geraten sind, dass wir vielleicht krank geworden sind. Das alles hat einen tieferen Grund.

Die Frage nach dem »Warum« ist also der erste wichtige Schritt auf dem Weg zur Selbstliebe. Wenn wir erkannt haben, was uns daran hindert, uns selbst zu lieben, können wir darangehen, etwas in unserem Leben zu verändern.

Wichtig ist zunächst anzuerkennen, dass es Gründe gibt, dass wir zu dem Menschen geworden sind, der wir gerade sind, und dass dieser Mensch unabhängig von allem, was war, was ist und was sein wird, in der göttlichen Liebe ist, die einfach ist, ohne dass wir etwas dafür tun müssen. Wir müssen uns weder die Liebe Gottes verdienen noch die Liebe von Mutter Erde oder Vater Sonne. Dieses Universum wertet nicht, nimmt alles und alle so, wie sie sind, egal ob gut oder böse, hell oder dunkel, männlich oder weiblich, göttlich oder teuflisch. Jede Form von Wertung, Ablehnung und Ausgrenzung ist menschengemacht.

Echte Liebe liebt einfach, wertfrei, zweckfrei. Echte Liebe ist das Grundprinzip dieses Universums. Sie ist das Lied, das durch die Weiten der Unendlichkeit erklingt und in jedem von uns schwingt. Wir sind aufgefordert, wieder mitzuschwingen, unsere Widerstände zu überwinden und wieder einzustimmen in den zeitlosen, ewigen Strom der selbstlosen, universellen, bedingungslosen Liebe.

Wissen Sie, wer Sie wirklich sind?

Wer ist denn nun eigentlich dieses Wesen, das wir so selbstverständlich als »Ich« bezeichnen? Eine scheinbar einfache Frage, auf die es aber keine einfache Antwort gibt – Philosophen zermartern sich seit Jahrhunderten darüber das Gehirn.

Bevor Sie sich in der folgenden Übung auf die Suche nach Ihrem wahren Selbst begeben, stellen Sie sich zunächst einmal folgende Fragen:

- Wissen Sie, wer Sie in Ihrem tiefsten Kern wirklich sind?
- Warum sind Sie hier auf dieser Erde?
- Was wollen Sie hier auf der Erde?
- Haben Sie Ihren Platz gefunden?
- Welche Persönlichkeitsmerkmale prägen Sie und Ihren Charakter?
- Was ist die tiefste Absicht Ihres Herzens und Ihrer Seele?

Es gibt zwei verschiedene Arten von Ich:
das reife und das unreife.

Shrî Ramakrishna, indischer hinduistischer Asket, Reformer und Philosoph (1836-1886)

»Wer bin ich?«

Für diese Übung brauchen Sie einen Spiegel, in dem Sie Ihr Gesicht ganz sehen können.

Nehmen Sie sich eine halbe Stunde Zeit, in der Sie ungestört sind. Sorgen Sie für eine ruhige, entspannte Atmosphäre. Zünden Sie eine Kerze an, und wenn Sie mögen, räuchern Sie mit einer Räuchermischung, die Sie gern haben.

Setzen Sie sich nicht unter Druck und geben Sie jegliche Erwartungshaltung auf. Je weniger Sie erwarten und je unvoreingenommener Sie vorgehen, desto besser funktioniert die Übung.

Machen Sie zunächst die vorbereitenden Rituale »Der heilige Raum« (Seite 174) und »Der Schutzkreis« (Seite 176).

Setzen Sie sich jetzt vor den Spiegel, sodass Sie Ihr ganzes Gesicht sehen können. Schauen Sie sich in Ruhe zunächst den Menschen an, der Sie da aus dem Spiegel anschaut. Wen nehmen Sie wahr, was löst das in Ihnen aus? Fangen Sie sofort an, an sich herumzukritisieren, oder sind Sie zufrieden mit dem, den Sie sehen?

Versuchen Sie jetzt einmal, diesen Menschen im Spiegel ganz neutral zu betrachten, jenseits aller Gedanken und Gefühle, die sich sofort einstellen. Stellen Sie sich dann innerlich oder laut die Frage: »Wer bin ich?« Lauschen Sie in sich hinein und schreiben Sie alle Antworten auf, die Ihnen in den Sinn kommen. Stellen Sie sich immer wieder dieselbe Frage: »Wer bin ich?« Machen Sie das mindestens 20 Minuten und achten Sie auch auf Ihre Gefühle.

Wie geht es Ihnen dabei? Finden Sie spontane Antworten, werden Sie innerlich still, oder rumort es, sind Sie genervt oder entspannt? Die meisten Menschen beschreiben sich bei dieser Übung mit ihrem Namen, ihrem Beruf, ihrem Familienstand, ihren Eigenschaften, ihrem Besitz und so weiter. Vielen fallen vor allem negative Dinge ein. Einige nehmen sich selbst auf einer tieferen Ebene als spirituelle Wesen wahr. Wenige sehen sich in einer klaren Lebensaufgabe, in einem tieferen Sinnzusammenhang. Ganz wenige empfinden bedingungslose Liebe zu sich selbst und identifizieren sich nicht mit Rollen oder den Bedürfnissen ihres Egos, sondern erkennen, was sie wirklich sind: das höhere Selbst, das von sich aus sagt: »Ich bin.«

Eine Beziehung zu sich selbst aufbauen

Wir sind es gewohnt, Beziehungen zu anderen Menschen, zu Tieren, zu materiellen Dingen oder zu abstrakten Gedanken und Ideen aufzubauen. Darin kennen wir uns oft wesentlich besser aus als in der Beziehung zu uns selbst. Das ist eine normale Strategie unseres Egos. Es will uns von uns selbst ablenken, weil doch immer die Gefahr besteht, die Illusionen zu erkennen, was in letzter Konsequenz die Vormachtstellung unseres Egos beschneiden würde.

Wollen wir aber wirklich in die Selbstliebe gehen, uns ganz nach innen uns selbst und unseren tiefsten Wahrheiten öffnen, dann sind wir eingeladen, in eine Beziehung zu uns selbst zu treten, uns selbst zu erforschen und zu erkunden, wer wir wirklich sind. Es geht also darum, den verloren gegangenen Bezug zu uns selbst wiederherzustellen.

Termine mit sich selbst

Vielen Menschen wird im Alltag gar nicht mehr bewusst, dass sie keinen Bezug zu sich haben, weil sie sich so viele Ablenkungsstrategien geschaffen haben, dass sie überhaupt keine Zeit und keine Möglichkeit mehr haben, um darüber nachzudenken, wer sie sind, was sie wirklich brauchen und wie es ihnen mit sich selbst geht: Der eine arbeitet den ganzen Tag, der Nächste liest in jeder freien Minute, der Dritte hört permanent Radio, der Vierte telefoniert ununterbrochen.

Jetzt könnten Sie einwenden, dass derjenige, der liest, Radio hört oder fernsieht, doch sich selbst etwas Gutes tut, weil er sich Zeit für sich nimmt. Aber das ist ein Trugschluss, denn all diese Tätigkeiten entfernen uns von uns selbst, dienen dazu, uns nicht mit uns selbst beschäftigen zu müssen. Sobald wir das Radio einschalten, weil wir die Stille nicht ertragen, sobald wir nach einer Minute der Untätigkeit wieder aufspringen, weil wir die Inaktivität nicht ertragen, sobald wir in Gedankenspiele und Fantasien abdriften und uns damit von uns ablenken, sind wir eben nicht authentisch, offen und ehrlich mit uns selbst. Wir flüchten vor uns selbst, weil wir uns selbst nicht ertragen.

Sich selbst ertragen

Wenn es um Beziehungen und Liebe geht, ist genau das eines der großen Probleme. Wir erwarten von unserem Partner, dass er uns den ganzen Tag erträgt, dass er uns immer wieder sagt, wie toll und wundervoll wir sind, und wir selbst halten es oft noch nicht einmal eine Minute mit uns aus.

Um wirklich eine Beziehung zu sich selbst aufzubauen, ist

es unabdingbar, Zeit mit sich zu verbringen. Das, was wir als selbstverständlich ansehen, wenn es um unsere Beziehung zu anderen Menschen geht, vernachlässigen und ignorieren wir bei uns selbst komplett.

Ich kann es Ihnen nur ans Herz legen: Beginnen Sie sofort, jeden Tag mindestens eine Viertelstunde mit sich selbst zu verbringen, ohne sich abzulenken. Lauschen Sie einfach in sich hinein und lassen Sie sich dabei nicht von Ihrem ewig plappernden Verstand beeinflussen. Unser Ego versucht sehr schnell, uns abzulenken, und redet uns ein, dass es doch wirklich Wichtigeres gäbe als diese sinnlose und nutzlose Zeitverschwendung.

Halten Sie sich Zettel und Stift bereit. Schreiben Sie sich auf, was Sie in sich spüren und fühlen. Aber tappen Sie dabei nicht in die Falle, nur Ihre Gedanken zu notieren, sondern spüren Sie mit der Absicht tief in sich hinein, zu erforschen und zu erkennen, wer Sie wirklich sind. Verbinden Sie sich mit dem Wunsch, sich selbst in Liebe und Respekt zu begegnen. Damit beginnen Sie, sich mit sich selbst zu beschäftigen. Wie fühlt es sich an, ohne Ablenkungen zu sein? Wie fühlt es sich an, einfach nur Ihrer inneren Stimme zu lauschen, in sich hineinzulauschen und Ihnen selbst jenseits Ihres plappernden Verstandes zuzuhören? Wenn Ihnen eine Viertelstunde zu lange erscheint, dann fangen Sie mit ein paar Minuten an und steigern Sie sich dann kontinuierlich, bis Sie eine Stunde am Tag in Frieden und Liebe mit sich sein können.

Die Begegnung mit sich selbst

Wenn Sie sich jeden Tag Zeit für sich nehmen, werden Sie einen wunderbaren, liebenswerten Menschen entdecken und kennenlernen - sich selbst. Sollten Sie diese Übung zu Beginn als Qual empfinden, so wird sich das bald ändern und Sie werden feststellen, wie schön es ist, mit sich selbst zu sein. Aus der Qual wird reine, pure Freude und Liebe für Sie. Wie viel Zeit Sie letztendlich mit sich selbst verbringen möchten, können nur Sie entscheiden. Mein Vorschlag wäre, regelmäßig eine Stunde am Tag nur mit sich zu sein, immer wieder - am besten jede Woche - einen halben oder ganzen Tag und immer wieder ein Wochenende, das nur der Beziehung zu Ihnen selbst gewidmet ist.

Wenn Sie jetzt entsetzt aufstöhnen, weil Sie glauben, das wäre mit Ihrem Leben nicht vereinbar, weil Sie doch eh schon keine Zeit haben und immer gehetzt und gestresst durch Ihr Leben rasen, dann überdenken Sie doch einmal, warum Sie das tun.

- Warum hetzen Sie durch Ihr Leben?
- Warum bestimmt Dauerstress anstatt Genuss, Langsamkeit, Innehalten Ihr Leben?
- Läuft das Leben an Ihnen vorbei?
- Oder haben Sie den Eindruck, Sie rennen dem Leben hinterher und kommen doch nie wirklich an?

Die Entscheidung für sich selbst

Treffen Sie jetzt eine Entscheidung für sich selbst, für Ihre Beziehung zu sich und für die Selbstliebe. Seien Sie es sich wert! Für alles muss immer Zeit da sein, für Ihren Ehepartner, für Ihre Kinder, für Ihren Beruf, für Ihre Freunde, für Ihre Freizeitaktivitäten, aber die Zeit für Sie selbst bleibt dabei auf der Strecke. Für den wichtigsten Menschen in unserem Leben, für uns selbst, also für denjenigen, der uns am nächsten steht, bleibt keine Zeit mehr übrig.

Aus spiritueller Sicht geht es im Leben darum zu erforschen, wer wir wirklich sind, was unser wahres »Ich« ausmacht. Und aus dem Erkennen, Annehmen und Lieben dieses Wesens, das sich zeigt, ergibt sich ganz automatisch der Wunsch und der Anspruch, Zeit mit sich zu verbringen, sich selbst in seinen tiefsten Tiefen und Mysterien zu entdecken und Wege zu finden, in Liebe mit sich zu sein.

Ihr eigener Raum

Eine hilfreiche Maßnahme, zur Selbstliebe zu finden, kann sein, dass Sie beginnen, Ihre Gedanken und Gefühle wie in einem Tagebuch zu notieren, ohne dabei in oberflächliche Beschreibungen Ihres Alltags abzugleiten. Versuchen Sie, das zu erfassen, was hinter der andauernd plappernden, lauten Stimme Ihres Egos verborgen liegt, was sich eher still und sanft dahinter verbirgt.

Eine weitere gute Möglichkeit ist die Meditation. Ziehen Sie sich zurück, schaffen Sie sich einen Raum, der wirklich nur Ihr eigener ist. Schaffen Sie sich einen Eigenraum. Das ist wichtig, wenn Sie mit anderen Menschen zusammenleben. In vielen Familien neigen gerade Eltern dazu, sich selbst als eigenständige Personen aufzugeben und zu vergessen. Natürlich sind wir gefordert und verpflichtet, für unsere Kinder und unsere Familie zu sorgen. Wir sind gleichzeitig aber auch immer aufgefordert, für uns selbst und unser Wohlergehen zu sorgen.

Falls Ihnen in Ihrer Wohnung kein eigener Raum zur Verfügung steht, dann beanspruchen Sie zumindest eine Ecke in einem Raum für sich und machen Sie den Familienmitgliedern klar, dass das Ihr Raum, Ihr Platz ist, wo Sie nicht gestört werden wollen.

Nachdem Sie sich diesen Eigenraum geschaffen haben und mehr Zeit mit sich selbst verbringen, könnte es sein, dass Ihnen die Menschen, die Ihnen am nächsten stehen, vorwerfen, Sie seien egoistisch. Aber ein Eigenraum hat nichts mit Egoismus zu tun, sondern mit Selbstliebe. Nur weil Sie aufhören, permanent die Ansprüche aller anderen zu befriedigen, nur weil Ihre Kinder und Ihr Partner auch einmal die Wäsche waschen müssen, nur weil Sie nicht mehr 24 Stunden am Tag zur Verfügung stehen, sind Sie noch lange kein Egoist.

Sie nehmen sich den Raum, um sich selbst lieben zu lernen, nicht um ihr Ego zu pflegen. Es ist ganz wichtig, diesen Unterschied zu erkennen. Solange wir die Herrschaft unserem verletzten inneren Teil überlassen, regiert und herrscht das Ego. Sobald wir beginnen, aus unserem inneren Leuchten und aus unserer Größe und Göttlichkeit heraus zu agieren, gehen wir den Weg der Liebe. Wenn wir nicht beginnen, uns selbst der Welt zu schenken, uns der Welt hinzugeben und uns der Welt in ihrer Schönheit, Größe und Wahrheit zu zeigen, dann bleiben wir hinter den Mauern unseres Verletztseins und unseres Egos gefangen, und wir werden niemals das Geschenk der »Liebe wie im siebten Himmel« erfahren. Wir werden niemals zu einer erfüllten, ekstatischen, verschmelzenden Sexualität finden.

Deshalb noch einmal die Aufforderung: Schaffen Sie sich ein Zeitfenster für sich selbst, tragen Sie in Ihrem Kalender täglich einen Termin mit sich ein, schaffen Sie sich einen Eigenraum, um den Weg der Liebe gehen zu können.

Seinen Eigenraum nutzen

Ein Eigenraum ist also grundlegend, wenn es um Selbstliebe geht. In der Zurückgezogenheit haben Sie die Möglichkeit, Ihr »Ich« wirklich zu erforschen und kennenzulernen mit all seinen Stärken und Schwächen, mit all seinen lichten und dunklen Seiten. Fangen Sie an, zu diesem Menschen, der Sie 24 Stunden am Tag begleitet – Sie selbst –, eine liebevolle, tiefe Beziehung aufzubauen. Fangen Sie an, sich selbst so zu lieben, wie Sie sind.

Dazu gehört auch, dass Sie jeden Gedanken, jedes Gefühl, das in Ihnen in Ihrer »stillen Stunde« auftaucht, ernst nehmen. Verdrängen Sie nichts, denn das alles sind Sie, das macht Ihre Persönlichkeit aus, alle diese Gedanken und Gefühle wollen Ihnen etwas sagen.

Es grenzt schon an Absurdität, dass wir meist sofort vor dem, was in uns auftaucht und sich Gehör verschaffen will, davonlaufen, anstatt uns selbst zuzuhören. Das tun wir oft so lange in einer selbstzerstörerischen Konsequenz, bis es einfach nicht mehr anders geht. Wir schauen erst dann richtig hin und hören richtig zu, wenn der Leidensdruck zu groß geworden ist und uns das Leben über Leid dazu zwingt, die Augen und Ohren zu öffnen.

Das alles müsste überhaupt nicht so sein. Wir müssen unsere Erfahrungen nicht über Leid, Schmerz und Krankheit machen. Wir können sofort anfangen, in uns zu lauschen, in die Selbstliebe gehen, unseren tiefsten, wirklichen Bedürfnissen Raum geben, unsere Wunden heilen und unserer eigenen inneren Weisheit die Führung überlassen. So können wir beginnen, nicht nur auf Probleme, Leid, Schmerz, Krankheit und Schicksalsschläge zu reagieren, sondern unser Leben aus der tiefsten Herzensintelligenz und Seelenweisheit heraus zu gestalten und zum Schöpfer unseres Schicksals zu werden. Wir können all den Impulsen, die sich zeigen und die gelebt werden wollen, den Raum und die Energie geben und beginnen, sie zu leben, sie in die Welt zu bringen.

Richtig zuhören

Wir müssen wieder lernen, wirklich zuzuhören. Zunächst uns selbst, unserer inneren Stimme und unserer Herzensweisheit. Das ist für die Hinwendung zum »Du« – zu der Welt da draußen – unabdingbar. Wir alle haben durch unsere Verletzungen, Traumata und selbst geschaffenen Abwehrmechanismen Filter in uns installiert, die verhindern, dass wir wirklich hören, sowohl was unsere innere Weisheit sagt als auch was uns die Welt und andere Menschen sagen wollen. So reden Menschen oft gar nicht wirklich miteinander, sondern komplett aneinander vorbei.

Um wieder zu lernen, uns selbst auf allen Ebenen jenseits des Verstandes zuzuhören, müssen wir zunächst eine Verbindung zwischen unserem Herzen, unserem Bauch und unserem Verstand herstellen. Mit Verstand ist hier nicht der ewig plappernde Teil in unserem Kopf gemeint, der vom verletzten Ego gesteuert wird, sondern das »Werkzeug« Verstand, das uns die Fähigkeit zum Planen und zur Analyse schenkt. Richtig eingesetzt ist unser Verstand ein Diener unseres wahren Selbst und hilft uns aus dieser dienenden Position heraus, unser Leben zu meistern.

Wir sind es gewohnt, dem plappernden Teil das Feld zu überlassen. Gerade wenn Sie sich anderen Instanzen in sich zuwenden, fährt dieser Teil seine Lautstärke hoch und versucht, Sie abzulenken. Er will Ihnen einreden, dass das, was Sie jetzt tun, doch alles Unsinn sei. Dass es doch viel Sinnvolleres gebe, als ein Ritual zu machen, zu meditieren oder Zeit mit sich selbst zu verbringen. Vielleicht schreit es in Ihnen: »Mach lieber was Schönes, hab Sex mit deinem Partner, mach was Sinnvolles und erledige die Gartenarbeit, geh an deinen Schreibtisch und räum endlich auf...«

Ritual »Verbindung Kopf – Bauch – Herz«

Nehmen Sie sich eine halbe Stunde Zeit, in der Sie ungestört sind. Legen Sie sich Zettel und Stift bereit und sorgen Sie für eine ruhige, entspannte Atmosphäre. Zünden Sie eine Kerze an und wenn Sie mögen, räuchern Sie mit einer Räuchermischung, die Sie gern haben.

Setzen Sie sich nicht unter Druck und geben Sie jegliche Erwartungshaltung auf. Je weniger Sie erwarten und je unvoreingenommener Sie vorgehen, desto besser funktioniert die Übung.

Machen Sie zunächst die vorbereitenden Rituale »Der heilige Raum« (Seite 174) und »Der Schutzkreis« (Seite 176).

Gehen Sie dann zunächst mit Ihrer Aufmerksamkeit zu Ihrer Atmung und atmen Sie tief ein und aus. Nehmen Sie wahr, wie sich Ihr Brustkorb im Rhythmus Ihres Atems hebt und senkt und wie die Luft durch die Nase und die Luftröhre in Ihre Lunge strömt. Lassen Sie sich mit jedem Ausatmen tiefer in den Boden sinken und spüren Sie, wie Sie getragen werden von Mutter Erde.

Vielleicht tauchen im Geiste Bilder aus Ihrem Alltag auf. Halten Sie sich nicht daran fest, lassen Sie sie wie Wolken am Himmel vorüberziehen.

Nun wenden Sie sich mit Ihrer Aufmerksamkeit nach innen zu Ihrem Herzen. Atmen Sie zunächst dorthin, spüren Sie sich in diese Körperregion und beobachten Sie einfach Ihr Herz, wie es beständig schlägt und das Blut durch Ihren Körper pumpt.

Machen Sie sich bewusst, dass Ihr Herz gleichzeitig der Ort ist, der Sie mit der Fähigkeit zur Liebe verbindet, mit der Fähigkeit zur Selbstliebe, zur Nächstenliebe und mit der bedingungslosen Liebe, die dieses Universum erschaffen hat.

Bleiben Sie eine Weile mit Ihrer Aufmerksamkeit und Ihrer Atmung dort.

Nun gehen Sie mit Ihrer Aufmerksamkeit und Ihrem Atem von Ihrem Herzen aus in Ihren Körper nach oben in Ihren Kopf zu Ihrem Gehirn.

Stellen Sie mit jedem Atemzug einen Kreislauf her, der Ihr Kopf- und Ihr Herzhirn miteinander verbindet.

Beim Einatmen ziehen Sie die Kraft der Liebe von Ihrem Herzen in Ihren Kopf, und beim Ausatmen nehmen Sie die Energie Ihrer Gedanken und Gefühle, die in Ihren beiden Gehirnhälften sitzen, mit nach unten zu Ihrem Herzen. So entsteht ein Kreislauf, der Ihr Herz mit Ihrem Kopf verbindet.

Nun gehen Sie mit Ihrer Aufmerksamkeit und Ihrem Atem von Ihrem Herzen aus in Ihrem Körper nach unten in die Region Ihres oberen Bauches, Ihres Solarplexus oberhalb Ihres Nabels.

Dort ist Ihre Intuition zu Hause.

Stellen Sie mit jedem Atemzug einen Kreislauf her, der Ihr Herz- und Ihr Bauchhirn miteinander verbindet.

Beim Ausatmen lassen Sie die Kraft der Liebe von Ihrem Herzen aus in Ihren Bauch sinken, und beim Einatmen nehmen Sie die Energie Ihrer Intuition und inneren Weisheit, die in diesem Bereich sitzt, mit nach oben zu Ihrem Herzen. So entsteht ein Kreislauf, der Ihr Herz mit Ihrem Bauch verbindet.

Dehnen Sie diesen Energiefluss aus und atmen Sie vom Bauch über Ihr Herz in Ihren Kopf und wieder nach unten. So stellen Sie ein Gleichgewicht zwischen diesen Instanzen in Ihnen her.

Nun lauschen Sie einfach in sich hinein und betrachten Ihr bisheriges Leben aus der Verbindung von Kopf, Bauch und Herz. Ziehen Sie Ihre persönliche Bilanz. Was war gut, was war schlecht, wo waren und sind Sie in der Liebe, wo nicht?

Wenn Sie das Gefühl haben, dass Sie mit Ihrer Bilanz fertig sind, gehen Sie mit Ihrer Aufmerksamkeit nochmals zu Ihrer Atmung. Atmen Sie tief ein, bedanken Sie sich bei sich selbst und Ihrer inneren Weisheit und beenden Sie dann Ihre Rückschau.

Schreiben Sie sich anschließend Ihre persönliche Bilanz auf. Bleiben Sie ehrlich zu sich selbst, nehmen Sie sich symbolisch in den Arm und lesen Sie sich alles in Ruhe noch einmal durch.

Erkennen Sie Ihre wahren Bedürfnisse

Durch das Ritual haben Sie Kopf, Bauch und Herz wieder miteinander verbunden und Ihr Leben aus diesem Blickwinkel betrachtet. Aus dieser Verbindung heraus können Sie nun beginnen, sich selbst neu zu erforschen und in sich hineinzuspüren, was Sie aus tiefstem Herzen wirklich wollen:

- Wofür brennt Ihr Herz?
- Wohin führt Sie die Liebe?
- Was sind Ihre wahren, tiefsten Bedürfnisse jenseits der Diktatur des Egos?

Beginnen Sie eine innere Visionssuche. Nutzen Sie das Zeitfenster, das Sie sich geschaffen haben, um mit sich selbst zu sein, und lauschen Sie einfach immer wieder in sich hinein. Irgendwann wird Ihre innere Stimme sich melden, zuerst vielleicht leise und kaum hörbar. Aber wenn Sie dabeibleiben und es ernst meinen mit der Selbstliebe, dann wird diese Stimme in Ihnen lauter und deutlicher und lädt Sie ein, ihr zu folgen.

Es kann manchmal mehrere Wochen dauern, bis Sie überhaupt einen stabilen Kontakt zu Ihrem Herzen herstellen können und die ersten leisen Töne hören. Hier ist Geduld und Durchhaltevermögen gefragt. Viele Menschen hören in solchen Prozessen viel zu früh auf und verfallen wieder in ihre alten, vom Ego kreierten Muster und Verhaltensweisen. Damit nehmen sie sich selbst aber die Chance, eine wirkliche Veränderung zu erreichen und endlich zu sich selbst zu kommen.

Der Weg zur Selbstliebe

Die Liebe und damit auch die Selbstliebe ist unsere wahre Natur und nichts, worum wir kämpfen, was wir lernen oder uns erarbeiten oder gar verdienen müssen. Sie ist ein naturgegebener Zustand in uns. Die Fähigkeit, sich selbst zu lieben, ist ein Geschenk, das uns das Universum gemacht hat.

Wir müssen nur wieder lernen, die Tür, die wir in uns verschlossen haben, zu öffnen, dann sind wir schlagartig wieder in der Selbstliebe. Auch wenn wir es vergessen haben, haben wir das Land der Liebe niemals verlassen und sind tief in uns nach wie vor reine, pure Liebe und damit auch reine, tiefste Selbstliebe.

Erkennen Sie sich in Ihrer ganzen Schönheit

Wenn wir den Raum in uns wieder betreten, in dem unsere Selbstliebe auf uns gewartet hat, und uns wieder mit ihr verbinden, dann sind wir in uns angekommen und können uns selbst aus einem neuen Blickwinkel betrachten. Aus der Energie der Selbstliebe heraus erkennen wir uns in unserer ganzen Schönheit und Einzigartigkeit. Wir können uns liebevoll betrachten und uns so nehmen, wie wir sind. Wir müssen uns nicht mehr verstecken, nicht mehr kleinmachen oder verbiegen. Wir können in unsere wahre innere Größe gehen und beginnen, aus unserer Größe heraus zu handeln und alles um uns herum mit der Liebe zu uns selbst zu verbinden.

Sich selbst lieben

Echte Selbstliebe ist bedingungslos, das heißt, wir stellen keine Bedingungen, die darüber entscheiden, ob wir uns selbst lieben können oder nicht.

Wenn wir in unserem Wertesystem etwas als gut, richtig und schön abgespeichert haben und dementsprechend handeln und dabei auch noch Erfolg haben, dann klopfen wir uns auf die Schulter und geben uns dafür selbst Anerkennung. Ganz anders sieht es aus, wenn es um Charaktereigenschaften oder Handlungen geht, die nicht in unser Idealbild vom perfekten »Ich« passen. Da machen wir uns selbst nieder, kritisieren uns, lehnen uns ab.

Selbstliebe setzt voraus, dass wir uns bedingungslos so annehmen, wie wir momentan sind: mit all unseren Stärken, aber auch mit all unseren Schwächen und Fehlern. Radikal formuliert bedeutet das: Wenn wir uns nicht als Ganzes lieben, dann lieben wir gar nicht. Dann handeln wir aus unserem Ego, und das ist zu echter Liebe überhaupt nicht fähig (siehe Seite 38).

Die Aufforderung »Liebe dich, so wie du jetzt gerade bist« heißt allerdings nicht, sich einfach mit dem momentanen Zustand, mit seinen nicht so geliebten Eigenschaften abzufinden, ohne eine Veränderung anzustreben. Es heißt nur, unsere vermeintlichen Schwächen anders zu betrachten: als Lehrmeister, der uns helfen will, der uns auf unserem Entwicklungsweg unterstützen will, unser ganzes Potenzial zu entfalten.

»Der Liebesbrief an mich«

Für diese Übung brauchen Sie Zettel und Stift. Nehmen Sie sich eine halbe Stunde Zeit, in der Sie ungestört sind. Sorgen Sie für eine ruhige, entspannte Atmosphäre. Zünden Sie eine Kerze an und wenn Sie mögen, räuchern Sie mit einer Räuchermischung, die Sie gern haben.

Setzen Sie sich nicht unter Druck und geben Sie jegliche Erwartungshaltung auf. Je weniger Sie erwarten und je unvoreingenommener Sie vorgehen, desto besser funktioniert die Übung.

Machen Sie zunächst die vorbereitenden Rituale »Der heilige Raum« (Seite 174) und »Der Schutzkreis« (Seite 176).

Schreiben Sie jetzt einfach einen Liebesbrief an sich selbst. Denken Sie beim Schreiben nicht groß nach und machen Sie sich nicht klein. Fangen Sie nicht zu grübeln an, sondern verbinden Sie Ihr Kopfhirn, Bauchhirn und Herzhirn und gehen Sie in Ihr Herz. Verbinden Sie sich mit der Liebe, und von dieser Position aus schreiben Sie. Es ist nicht wichtig, wie lange oder kurz Ihr Brief wird. Wichtig ist nur, dass er aus der Liebe kommt. Ein einziger Satz aus tiefstem Herzen: »Ich liebe mich, so wie ich bin« ist wesentlich besser als ein Roman, in dem Sie sich nur selbst betrügen.

Wenn Sie fertig sind, dann lesen Sie den Brief noch einmal durch. Bewahren Sie ihn wie einen kostbaren Schatz auf und nehmen Sie ihn immer wieder zur Hand, lesen Sie ihn und erfreuen Sie sich an Ihrer eigenen Liebeserklärung.

Das Tor zur Selbstliebe

Fassen wir zusammen:
In diesem Quadranten des Medizinrades der Liebe geht es um

- die Hinwendung zu sich selbst,
- den Weg nach innen,
- die Entdeckung der Selbstliebe.

Das Grundprinzip der Liebe ist hier zu lernen, sich nach innen zu öffnen. Im Wiederfinden der Liebe zu uns selbst erkennen wir, wer wir wirklich sind, bauen darauf eine Liebesbeziehung zu uns selbst auf, verbringen Zeit mit uns selbst und erkennen unsere wahren Bedürfnisse und das, was wir aus tiefstem Herzen wirklich wollen.

Mit allen Erkenntnissen, Problemen und Hindernissen, die Ihnen in diesem Kapitel begegnet sind, können Sie mit den im Kapitel »Rituale« beschriebenen Ritualen (ab Seite 169) weiterarbeiten.

Brauchen Sie zu einer Frage oder einem Problem eine tief gehende Erkenntnis oder eine andere Sichtweise, so machen Sie das Ritual Nr. 1 »Die Vision des Herzens« (ab Seite 177).

Wollen Sie etwas loslassen und transformieren, so führen Sie das Ritual Nr. 2 aus »Das Feuer der Transformation« (ab Seite 179).

Wollen Sie etwas hierher auf die Erde bringen, verwurzeln und mit Energie verbinden, so machen Sie das Ritual Nr. 3 »Die Erd- und Sonnenatmung« (ab Seite 180).

Mit der gleichnamigen Begleit-CD zum Buch, die ebenfalls im Arkana-Verlag erschienen ist, können Sie noch tiefer in die Thematik einsteigen.

Nächstenliebe – Öffnung nach außen

In diesem Quadranten des Medizinrades sind wir eingeladen, uns mit der Nächstenliebe zu verbinden, diese zu aktivieren und fließen zu lassen. Wir öffnen uns nach außen und treten in Kontakt mit der Welt um uns herum.

Das unbekannte Land des »Du«

Im letzten Kapitel haben wir uns der Selbstliebe gewidmet und gelernt, uns selbst zu erforschen. Wir haben erkannt, wer wir sind und was wir in uns tragen. Wir haben gelernt, uns selbst zu lieben und liebevoll mit uns selbst umzugehen. Jetzt wenden wir uns dem »Du« zu.

Grundvoraussetzung für jede echte, authentische Begegnung im Außen, mit der Welt und mit anderen Menschen, ist, dass wir das aus einer Position der Selbstliebe, der inneren Klarheit, Souveränität und Freiheit heraus tun. Wenn wir hier noch Defizite haben, werden wir genau dies in jeder Begegnung in irgendeiner Form gespiegelt bekommen. Das ist grundsätzlich überhaupt nicht verkehrt, sondern das Wesen einer jeden Begegnung. Sobald wir nach draußen blicken, bekommen wir einen Spiegel vorgehalten, der uns ungeschönt und klar zeigt, wer wir sind.

Wer ist denn der, der vor mir steht?

Zunächst einmal ist das »Außen« als Ganzes in seinem Wesen völlig neutral. Es ist weder gut noch böse. Es beschreibt immer zwei Extrempunkte von ein und demselben Prinzip und sämtliche dazwischenliegenden Möglichkeiten. Wenn wir nun unseren subjektiven Blick nach außen wenden, findet eine wundersame Verschiebung statt, und die Welt und jede Begegnung zeigt sich so, wie es unserem Wesen und uns als Ganzem entspricht. Wir können nur das wahrnehmen und nur mit den Dingen, Menschen und Situationen in Resonanz gehen, die auch in uns als Thema abgespeichert sind. Insofern ist unser Blick nach draußen so lange getrübt und einseitig, solange wir nicht in echter, innerer Freiheit und der Liebe sind.

Die Welt ist eine Illusion

Alle großen spirituellen Schulen und Religionen beschreiben unsere Wahrnehmung der Realität als eine Illusion, als einen Traum. Erst wenn wir die Welt und all ihre Erscheinungsformen als Illusion erkennen und aus dem Traum erwachen, werden wir frei davon und können erkennen, was die Welt letztendlich wirklich ist. Dies ist der Zustand ohne jegliche Anhaftung, in dem nur noch Liebe existiert, in dem wir alle Begrenzungen überwunden haben, in dem wir die Erleuchtung erlangt haben.

Auch die Quantenphysik bestätigt uns, dass die Welt, so wie wir sie sehen, gar nicht in dieser Form existiert. Dort, wo wir Materie wahrnehmen, existiert praktisch gar nichts. Wir finden vorwiegend Leere, die von Energiequanten durchdrungen wird. Diese Energieform kann sich je nach Betrachtung und Erwartung des Beobachters auch in Form von Materieteilchen zeigen, was aber nichts daran ändert, dass die Realität vorwiegend aus Nichts besteht. Interessant ist in diesem Zusammenhang auch, dass letztendlich die Erwartung des Beobachters bestimmt, ob sich Materieteilchen oder Energie zeigt. Das heißt im übertragenen Sinn, wir selbst bestimmen, ob wir – zumindest auf der subatomaren Ebene – etwas als Materie oder als Energie wahrnehmen.

Wir können also festhalten, dass da, wo wir unsere Welt

sehen, die uns Sicherheit und Orientierung gibt, praktisch nichts ist. Diese Erkenntnis ist in ihrer Tragweite im höchsten Maße erschütternd. Wir begegnen im Außen und auch in unserem Körper, mit dem wir uns so sehr identifizieren, dem Nichts. Alles, was wir als unsere Realität wahrnehmen, der Stuhl, auf dem wir sitzen, der Tisch, an dem wir essen, der Mensch uns gegenüber und mit dem wir uns unterhalten, existieren so gar nicht, es ist nichts da außer ein paar Quanteilchen, außer Energie, die durch die Unendlichkeit des Nichts schwirrt. Letztendlich bleibt nur Schwingung.

Die Melodie der Schwingungen

Jede Begegnung ist in ihrem tiefsten Kern eine Begegnung von Schwingungen in der Unendlichkeit des leeren Raums. Ob aus dem Aufeinandertreffen von zwei Schwingungen Harmonie entsteht, ist immer abhängig davon, wie sie schwingen und auf welcher Frequenz sie sind. Wenn die aufeinandertreffenden Schwingungen überhaupt nicht zusammenpassen, so entsteht Dissonanz. Treffen dagegen harmonische Schwingungen aufeinander, so entsteht daraus eine neue Harmonie, ein Gleichklang, eine göttliche Melodie. Eine neue, höhere Schwingung entsteht, die in den Gesang und in den Wohlklang dieses Universums einstimmt und das Lied der Liebe weiterträgt und weitersingt. Und so können wir auch jede Begegnung und jede Beziehung zu anderen Menschen, Dingen und Situationen sehen. Wenn unsere eigene Schwingung bereits disharmonisch ist, keine wohlklingende Melodie erzeugt, dann können wir aufgrund des Resonanzprinzips im Außen keine harmonischen Schwingungen anziehen. Letztendlich spiegelt uns damit unsere Umwelt immer nur unseren eigenen Schwingungszustand in den jeweiligen Lebensbereichen. Sind wir in einem Lebensbereich nicht in Harmonie und in der Liebe, so wird uns das in diesem Lebensbereich auch in dieser Form im Außen begegnen. Wir werden letztendlich mit unserer eigenen inneren Disharmonie, mit unserer fehlenden Ordnung konfrontiert und eingeladen, die Harmonie, Ordnung und Liebe wiederzufinden.

Von falschen Rollen und Bedürfnissen

Das Prinzip der Resonanz macht deutlich, dass es bei jeder Zuwendung zum »Du« letztendlich immer auch um uns selbst geht. In der Begegnung mit dem »Du« zeigt sich, wie wir uns selbst begegnen. Wenn wir in Illusionen gefangen und nicht wirklich authentisch, offen und ehrlich zu uns selbst sind, so bekommen wir in unseren Begegnungen sehr klar und mitunter schmerzvoll aufgezeigt, wo wir wirklich stehen. Sind wir innerlich noch nicht stabil genug und brennt das Feuer der Selbstliebe noch nicht stark genug in unserem Herzen, wirft uns jede Kritik und jede Ablehnung zurück, wir verfallen immer wieder in das gleiche Rollenmuster und heischen nach Anerkennung im Außen.

Das passiert uns so lange auf unserem Lebensweg, bis die Liebe zu uns selbst größer ist als die Ablehnung, bis die geheilten Anteile in uns überwiegen, bis unser Mut stärker ist als unser Zweifel. Es ist immer wieder die Aufforderung, nach innen zu gehen und weiter an sich selbst zu arbeiten, bis wir wieder zu den lichtvollen Wesen geworden sind, die wir in unserem wahren, authentischen und freien Selbst sind, immer gewesen sind und immer sein werden.

Wir begegnen immer nur uns selbst

Das ist das große Spiel des Lebens: Wir begegnen immer und immer wieder uns selbst, bis sich alle Begrenzungen und Einschränkungen auflösen und wir wieder reine, pure, bedingungslose Liebe sind. Bis dahin sind wir aufgefordert zu üben, zu lernen und uns zu entwickeln. Wir können also in jeder Begegnung zuhören und erkennen, wo wir selbst gerade stehen und innerlich das Leben fragen: »Zeige mir bitte, wer ich bin. Zeige mir meine Defizite und zeige mir auch meine Stärken. Zeige mir, wo ich bereits in der Liebe bin und wo nicht.«

»Wer bist du?«

Nehmen Sie sich für diese Übung eine halbe Stunde Zeit, in der Sie ungestört sind. Sorgen Sie für eine ruhige, entspannte Atmosphäre. Zünden Sie eine Kerze an, und wenn Sie mögen, räuchern Sie mit einer Räuchermischung, die Sie gern haben.

Setzen Sie sich nicht unter Druck und geben Sie jegliche Erwartungshaltung auf. Je weniger Sie erwarten und je unvoreingenommener Sie vorgehen, desto besser funktioniert die Übung.

Machen Sie zunächst die vorbereitenden Rituale »Der heilige Raum« (Seite 174) und »Der Schutzkreis« (Seite 176).

Setzen Sie sich dann hin, lassen Sie die Augen zunächst offen und schauen Sie sich in Ruhe um. Lassen Sie einfach Ihren Blick schweifen und schauen Sie sich den Raum, Ihre Umgebung, die Landschaft, die Menschen, was auch immer Sie sehen, in Ruhe an und beobachten Sie dabei Ihre Gedanken und Gefühle.

Was nehmen Sie wahr, was löst das in Ihnen aus? Sind Sie dabei, sofort alles um Sie herum zu werten, empfinden Sie Ablehnung oder fühlen Sie sich wohl? Mit was gehen Sie in Resonanz, was ist für Sie neutral, was mögen Sie, und wo taucht Ablehnung auf?

Schließen Sie dann die Augen und denken Sie an die Menschen, mit denen Sie sich tagtäglich umgeben – Ihre Familie, Ihre Freunde, Ihre Kollegen, Bekannte, Fremde, Feinde. Stellen Sie sich innerlich oder laut die Frage: »Wer bist du (also die Welt und die Menschen um Sie herum)?« Lauschen Sie in sich hinein und schreiben Sie alle Antworten auf, die Ihnen in den Sinn kommen. Stellen Sie sich immer wieder dieselbe Frage: »Wer bist du?« Machen Sie das mindestens 20 Minuten und achten Sie auch auf Ihre Gefühle.

Wie geht es Ihnen dabei? Finden Sie spontane Antworten, werden Sie innerlich still, oder rumort es, sind Sie genervt oder entspannt? Können Sie sich in der Welt um Sie herum wiederfinden? Erkennen Sie die Rollen des Lebens und die Botschaft, die das Leben Ihnen mitteilt?

Es erfordert Mut, in den Spiegel zu schauen und sich in absoluter, ehrlicher Offenheit zu zeigen. Wir neigen in unserem Alltag dazu, immer nur den Teil von uns zu zeigen, den wir selbst an uns mögen. Unsere Schattenseiten dagegen versuchen wir hinter der selbst erschaffenen Fassade zu verbergen.

Echte Kommunikation des Herzens

Jesus hat in seinen Lehren immer wieder gesagt: »Liebe deinen Nächsten wie dich selbst.« Hier wird klar und deutlich ausgedrückt, dass Selbstliebe und Nächstenliebe untrennbar miteinander verbunden sind. Wer die Selbstliebe nicht kennt, der kennt auch keine echte Nächstenliebe und umgekehrt. Liebe will sich immer ausdrücken, will fließen und in Beziehung treten. Liebe ist nichts, was zurückgehalten werden will. Wer aus der Angst heraus handelt, die Liebe zu verlieren, der ist nicht in der Liebe. Eine echte Herzenskommunikation der Nächstenliebe richtet sich zunächst auch nicht auf einen bestimmten Menschen oder beschränkt sich auf eine Sache. Echte Nächstenliebe umfasst die gesamte Schöpfung und geht nicht in eine Wertung oder Trennung.

Trennung erfolgt immer aus der Energie des verletzten Egos heraus. Diese Stimme erklärt uns oft sehr überzeugend, warum wir dieses lieben und jenes hassen, warum es notwendig ist, in Ablehnung zu gehen. Jede Ablehnung, jedes Nein zu den Erscheinungsformen des Lebens trennt aber, errichtet künstliche Mauern und verhindert echte, bedingungslose Nächstenliebe.

Wie schon weiter oben erklärt, sind wir bei der Öffnung und Hinwendung zu der Welt um uns herum aufgefordert, in eine dienende Position des Hütens und Behütens zu gehen (Seite 81). Es geht darum, unser Handeln und Tun zum Wohle aller auszurichten – uns eingeschlossen – und alles mit der Liebe zu verbinden. Wenn wir unser Herz öffnen, werden unser Leben und unsere Begegnungen zu einem andauernden Fest der Liebe.

Ritual »Herzöffnung«

Nehmen Sie sich eine halbe Stunde Zeit, in der Sie ungestört sind. Sorgen Sie für eine ruhige, entspannte Atmosphäre. Zünden Sie eine Kerze an, und wenn Sie mögen, räuchern Sie mit einer Räuchermischung, die Sie gern haben.

Setzen Sie sich nicht unter Druck und geben Sie jegliche Erwartungshaltung auf. Je weniger Sie erwarten und je unvoreingenommener Sie vorgehen, desto besser funktioniert die Übung.

Machen Sie zunächst die vorbereitenden Rituale »Der heilige Raum« (Seite 174) und »Der Schutzkreis« (Seite 176).

Gehen Sie dann mit Ihrer Aufmerksamkeit zu Ihrer Atmung und atmen Sie tief ein und aus. Nehmen Sie wahr, wie sich Ihr Brustkorb im Rhythmus Ihres Atems hebt und senkt und wie die Luft durch die Nase und die Luftröhre in Ihre Lunge strömt. Lassen Sie sich mit jedem Ausatmen tiefer in den Boden sinken und spüren Sie, wie Sie getragen werden von Mutter Erde.

Vielleicht tauchen im Geiste Bilder aus Ihrem Alltag auf. Halten Sie sich nicht daran fest, lassen Sie sie wie Wolken am Himmel vorüberziehen.

Nun wenden Sie sich mit Ihrer Aufmerksamkeit nach innen zu Ihrem Herzen. Atmen Sie zunächst dorthin, spüren Sie sich in diese Körperregion und beobachten Sie einfach Ihr Herz, wie es beständig schlägt und das Blut durch Ihren Körper pumpt.

Machen Sie sich bewusst, dass Ihr Herz gleichzeitig der Ort ist, der Sie mit der Fähigkeit zur Liebe verbindet, mit der Fähigkeit zur Selbstliebe, zur Nächstenliebe und mit der bedingungslosen Liebe, die dieses Universum erschaffen hat.

Bleiben Sie eine Weile mit Ihrer Aufmerksamkeit und Ihrer Atmung dort.

Atmen Sie die nächsten Minuten ganz bewusst beim Einatmen in Ihr Herz und verbinden Sie sich so mit Ihrer Herzensenergie und der in Ihrem Herzen wohnenden Liebe.

Wenn Sie eine stabile Verbindung zwischen Ihrer Einatmung und Ihrer Herzensenergie hergestellt haben, dann verbinden Sie diese Energie in Ihrem Herzen für die nächsten Minuten mit Ihrer Ausatmung und atmen Sie sie ganz bewusst mit kräftigen Ausatemzügen nach draußen in die Welt um sich herum.

Lassen Sie jetzt einen Kreislauf zwischen Ihrer Atmung und Ihrem Herzen entstehen. Beim Einatmen gehen Sie in die Verbindung zur Energie Ihres Herzens, beim Ausatmen nehmen Sie sie mit in die Welt um sich herum. Bleiben Sie auch hier einige Minuten dabei.

Bedanken Sie sich dann bei Ihrem Herzen und bei sich selbst und fühlen Sie dem gerade Erlebten noch ein wenig nach, um es tief in sich aufnehmen zu können.

Atmen Sie wieder tief ein und aus, und mit jedem Einatemzug kommen Sie mehr und mehr zurück ins Hier und Jetzt, in Ihre Alltagsrealität in dieser Welt.

Wie innen, so außen

In der Begegnung mit dem »Du«, mit der Außenwelt, lernen wir im wortwörtlichen Sinne, alles in Beziehung zueinander zu bringen. Das, was in uns ist, tritt in Beziehung zu dem, was außen und um uns herum ist. Nach dem Resonanzprinzip geht das nur mit Menschen, Situationen und Dingen, die dieselbe Schwingung auf dem jeweiligen Gebiet haben wie wir. Wir ziehen immer nur etwas an, was etwas mit uns zu tun hat. Keine einzige Begegnung auf dieser Welt kann stattfinden, wenn keine Resonanz vorhanden ist. »Wie innen, so außen« könnte man dieses Prinzip auf einen kurzen Nenner bringen.

Wenn Sie also Menschen begegnen, mit denen Sie in irgendeiner Weise in Resonanz gehen – dabei müssen durchaus keine angenehmen Gefühle im Spiel sein, die Begegnung spricht lediglich ein in Ihnen abgespeichertes Thema an –, dann sollten Sie sich diese Menschen genauer anschauen und sich für sie öffnen.

Es sind die Begegnungen mit Menschen,
die das Leben lebenswert machen.

Guy de Maupassant, französischer Erzähler
und Novellist (1850-1893)

Bei jeder Begegnung sollten Sie sich die folgenden Fragen stellen:

- Bin ich offen dafür, das, was diese Begegnung mir schenkt, anzuschauen?
- Bin ich in einer Haltung des liebevollen und dankbaren Annehmens?
- Oder bin ich in einer Abwehrhaltung?
- Verteidige ich mich, sagt mein Ego Nein?

Die Einstellung ist entscheidend

Je nachdem, welche grundlegende Einstellung wir zum Leben haben, verlaufen alle Begegnungen. Vertreten wir die Ansicht, dass dieses Universum böse, ablehnend, feindlich und kalt ist, dann werden wir genau mit dieser Haltung dem »Du« begegnen. Oder haben wir die grundlegende Einstellung, in einer Welt zu leben, in der wir uns öffnen können, in der wir vertrauensvoll und liebevoll anderen Wesen, der Welt und dem gesamten Universum begegnen können und dürfen?

In jedem Moment unseres Erdendaseins fragt uns das Leben immer wieder, wie wir auf die Herausforderungen des Lebens antworten. Wir leben in einer polaren Welt, und insofern spiegelt sich auch diese Polarität in der Begegnung mit der Welt wider. Es gibt eben nicht nur Gut oder Böse, sondern sowohl Gut als auch Böse, sowohl Hell als auch Dunkel, sowohl Mann als auch Frau, sowohl Laut als auch Leise... In dieser Grundspannung bewegen wir uns, und wir sind aufgefordert zu erkennen, dass die vermeintlichen Gegensätze immer ein und dasselbe Prinzip spiegeln.

Anerkennen, was ist

Fangen wir also an, die grundlegenden Gesetzmäßigkeiten des Lebens anzuerkennen. Sobald wir einen Teil der Polarität bewusst oder unterbewusst ablehnen, lehnen wir 50 Prozent des Seins ab. Wir sind also aufgefordert, beide Pole anzunehmen. Annehmen bedeutet aber nicht, etwas fatalistisch hinzunehmen und sich mit den schrecklichen Gegebenheiten in dieser Welt abzufinden. Im Gegenteil ist die Anerkennung dieser Teile eine unabdingbare Voraussetzung, um überhaupt eine Veränderung herbeiführen zu können. Wir werden die Welt in ihrer Grundstruktur, in ihren grundlegenden Gesetzmäßigkeiten und in ihrer Polarität nicht ändern können, aber wir können einen individuellen Beitrag zur Weiterentwicklung leisten.

Letztendlich ist das entscheidende Kriterium auch hier wieder die universelle, allumfassende Liebe. Aus spiritueller Sicht sind wir aufgefordert, der Welt durch das, was wir tun, die Liebe zu schenken und sie dadurch zu einem besseren, liebevolleren Platz zu machen. Das können wir aber nur, wenn wir die Liebe in uns gefunden haben und sie wieder frei fließen darf.

Wenn wir diese Welt wieder verlassen, werden wir uns alle die Frage stellen, wie wir in Beziehung getreten sind, wie wir uns geöffnet haben, wie wir das Prinzip der Liebe hierhergebracht haben. Die entscheidende Frage wird sein: »Waren wir wirklich zu 100 Prozent in der Liebe oder nicht?«

Jesus hat uns unsere Aufgabe mit den Aussagen »Liebe deine Feinde« und »Liebe deinen Nächsten wie dich selbst« klar und deutlich mit auf unseren Weg gegeben. Wir können weder den Schatten der Welt noch unseren eigenen Schatten loswerden. Der Schatten wird so lange existieren, solange es diese Welt gibt.

Wollen wir aus dem Schatten heraustreten, dann geht das nur, wenn wir das Prinzip der reinen, lichtvollen Liebe verinnerlicht und in uns verwirklicht haben, wenn wir die Erleuchtung erlangt und uns so aus den Gesetzmäßigkeiten der Polarität gelöst haben. Dann stehen wir im reinen Licht weit jenseits unseres Sonnensystems und werden wieder zu den strahlenden Sternen, die wir in unserer wahren Natur sind.

Die Polarität in der Welt besteht dann weiterhin, aber wir haben uns davon befreit. Das zu erkennen und danach als eine der höchsten Möglichkeiten des menschlichen Seins zu streben, das ist die tiefste spirituelle Chance in der Begegnung mit dem »Du«.

Offen für Begegnungen

Wie bereits mehrfach erwähnt, umgeben wir uns nur mit Menschen, die dieselben Themen wie wir haben. Sehen Sie also jede Begegnung als Chance, sich selbst zu erkennen und sich weiterzuentwickeln. Öffnen Sie sich für Ihr Gegenüber und gehen Sie in eine innere Beobachterposition. Schauen Sie genau hin, wie der Mensch auf Sie reagiert, was er Ihnen zeigt und auf welche Weise er Ihnen Ihre Themen spiegelt.

Du und ich – wir sind eins. Ich kann dir nicht wehtun,
ohne mich zu verletzen.

Mahatma Gandhi,
indischer Freiheitskämpfer (1869–1948)

Je nachdem, ob bestimmte Themen bei uns in der Hemmung oder in der Kompensation sind, das heißt, je nachdem, ob wir unsere unerlösten Seiten verstecken oder zeigen, werden uns diese Themen gespiegelt. Gerade wenn wir in der Hemmung sind und unser Gegenüber in der Kompensation, fällt es uns besonders schwer, unsere Defizite zu erkennen. Wenn uns unsere eigenen unerlösten Seiten über den Gegenpol gespiegelt werden, gehen wir oft in die Ablehnung, und wenn dann ein echter Kompensator auch noch versucht, uns kleinzumachen, und sich selbst als etwas Besonderes darstellt, dann beginnt es im Spannungsfeld der Begegnung zu knirschen.

Sind wir selbst in der Kompensation, dann fühlt sich das normalerweise besser an als in der Hemmung. Oft erkennen wir deshalb überhaupt nicht, dass die entsprechenden Lebensbereiche nicht erlöst sind. Erst wenn das ganze Gebilde bröckelt und die Gehemmten, die wir ja dringend brauchen, um uns besser, größer, schöner und so weiter zu fühlen, aus der Rolle aussteigen, wird uns schmerzhaft unser eigenes Defizit bewusst.

Dieses Spiel der Hemmung und Kompensation spielen wir in sämtlichen Varianten so lange durch, bis wir erkennen, dass wir nur unsere eigenen Themen aufgezeigt bekommen und dass es auch eine erlöste Form gibt. Erst dann beginnen wir, aus den alten Rollen auszusteigen und die Lösungen in uns zu suchen. Erst dann fangen wir an, zu lieben und zu leben. Erst dann lösen sich die Schleier der Verblendung auf, und die lichtvolle Wahrheit berührt unser Herz und zeigt uns den Weg zu uns selbst und zu authentischen Begegnungen, die frei sind von jeder Form der Anhaftung.

Keine Resonanzen mehr

Wenn wir Lebensbereiche und Themen in uns bereits erlöst haben und dort in der Liebe sind, bauen wir keine Resonanzfelder mehr auf. Dann besteht die Möglichkeit, auf Menschen zu treffen, die genau dieselben Themen auch schon erlöst haben, und so findet eine Begegnung in absoluter innerer Freiheit statt. Natürlich können wir weiterhin auch gehemmten oder kompensierenden Menschen begegnen, aber wir bauen keine Resonanzverbindung mehr auf, wir bleiben trotzdem in der Freiheit. Wir nehmen den Menschen so wahr, wie er einfach ist. Vielleicht erinnern wir uns, dass wir früher auch einmal so waren, vielleicht erkennen wir unsere eigenen alten Abwehrmechanismen, aber wir bleiben frei, es macht nichts mehr mit uns. Damit ist Platz für echten Frieden, Freiheit und Liebe. Wir können auch weiterhin mit Menschen zusammenleben, die ihre Themen noch nicht geklärt haben, die noch in der Selbstablehnung und in ihren Illusionen verhaftet sind, für uns ist das aber kein Problem mehr.

Erwartungen aufgeben

Wollen Sie wirklich gute, liebevolle und fruchtbare Begegnungen erleben, gute Freundschaften pflegen, der Welt offen begegnen, dann geben Sie zunächst alle Ihre Erwartungen an das »Du« auf und entlassen Sie sie in die Freiheit. Je erwartungsloser Sie sind, desto offener können Sie zuhören und hinsehen, desto klarer und reiner werden sich Ihre Begegnungen gestalten.

Gerade die Menschen, die uns am meisten wehtun, uns verletzen, uns an unsere Grenzen führen, uns wütend, ohnmächtig und hilflos machen, sind unsere größten Lehrmeister, wenn wir offen dafür sind. Bedanken Sie sich innerlich für die Lektionen, die Ihnen das Leben zuteilwerden lässt, und gehen Sie offen auf die Welt zu – Sie werden immer nur sich selbst in all Ihren Facetten begegnen.

Wenn wir in wirklicher Liebe mit uns selbst sind, dann kann uns niemand mehr wehtun, kann uns niemand mehr verletzen oder beleidigen, kann uns niemand mehr in unsere

Kleinheit stoßen, weil es das alles schlicht nicht mehr gibt. In einem Raum der Stille, der Leere und der Liebe gibt es keine anhaftenden Resonanzen mehr.

Jede Begegnung im Außen bereitet gleichzeitig auf eine noch viel intensivere Begegnung vor – auf die Begegnung mit der himmlischen Liebe zu einem anderen Menschen. Das Land des »Du« ist das Übungsfeld, um zu lernen, sich in Liebe zu öffnen. Dies ist die Voraussetzung, um im nächsten Schritt aus der Selbstliebe, die durch die Offenheit nach außen strömt, wahre, echte Hingabe werden zu lassen.

Der Weg zu wirklichen Begegnungen

Eine echte, authentische Begegnung mit dem Leben und mit dem »Du« setzt voraus, dass wir uns selbst, so wie im vorherigen Kapitel besprochen, annehmen und lieben und daraus resultierend auch unsere eigenen Grenzen annehmen, lieben und respektieren. Viele Menschen lassen zu, dass andere permanent über ihre Grenzen trampeln und ihren Eigenraum nicht respektieren. Andere verschließen sich ganz, schotten sich ab, machen ganz dicht und lassen sich durch nichts und niemanden mehr berühren. Beide Verhaltensweisen führen zu Dauerstress auf allen Ebenen unseres Seins.

Beobachten Sie sich einmal selbst in Ihrem Alltag und beantworten Sie sich folgende Fragen:

- Wie gehen Sie auf Begegnungen zu, wie gehen Sie damit um?
- Wie öffnen Sie sich dem Leben?
- Sind Sie eher misstrauisch, vielleicht sogar voller Angst?

- Öffnen Sie sich überhaupt, und wie weit machen Sie Ihre inneren Türen bei Begegnungen auf?
- Haben Sie Einfluss darauf, oder reagieren Sie automatisch mit den immer gleichen Mustern?
- Können Sie in unterschiedlichen Begegnungen Ihrem Wesen und Ihrer momentanen Stimmung entsprechend reagieren?
- Können Sie sich flexibel mehr oder weniger weit öffnen oder auch wieder verschließen und verschlossen bleiben, wenn es Ihnen notwendig erscheint?
- Kennen Sie Ihre natürlichen Grenzen?
- Funktioniert Ihre natürliche Abgrenzungsfähigkeit?

Damit wir unsere Grenzen klar setzen und unseren Eigenraum schützen können und trotzdem offen bleiben für die Welt um uns herum, gibt es im Schamanismus auf der Seelenebene den Archetypen des inneren Kriegers, der uns mit seiner Energie unterstützt, das Gleichgewicht zwischen Offenheit und Abgrenzung zu finden. Hätten wir diese innerseelische Kraft nicht in uns, dann wären wir hier in dieser Welt nicht lebensfähig.

Wenn Sie mit Ihrer Abgrenzungsfähigkeit Probleme haben, dann empfehle ich Ihnen mein Buch »Schamanische Seelenreisen« (siehe Literaturverzeichnis auf Seite 187). Dort lernen Sie das Zusammenspiel unserer innerseelischen Kräfte kennen und können mit einfachen schamanischen Techniken Ihre Abgrenzungsfähigkeit verbessern, indem Sie Ihren inneren Krieger aktivieren.

Offen und verschlossen

Das Leben findet in der Polarität statt, und alle Begegnungen sind ein Spiel mit den verschiedensten Facetten der Dualität. Es ist ein Wechsel zwischen sich öffnen und wieder verschließen. Verschließen bedeutet nicht, sich abzuschotten und vom Leben abzuschneiden. Es bedeutet, immer wieder von außen nach innen zu gehen und dann wieder von innen nach außen und einen geschützten Rahmen zu schaffen, in dem dieser ständige Wechsel stattfinden kann. Es ist notwendig, dass dieser Wechsel in einem natürlichen Rhythmus stattfindet, der einerseits uns selbst und unserem Wesen entspricht, andererseits auch naturgegebene natürliche Rhythmen berücksichtigt.

Wir können nicht durchgehend nur für die Probleme und Sorgen anderer Menschen da sein oder permanent mit Vollgas für andere durch das Leben hetzen. Wir müssen uns immer wieder Zeit für uns selbst nehmen, wir brauchen einen Rhythmus zwischen wach sein und schlafen, zwischen Ruhe und Bewegung, einen uns entsprechenden Rhythmus in allen Bereichen unseres Lebens. Es ist ein großer Unterschied, ob wir uns wirklich authentisch unserem Wesen gemäß öffnen können und daraus Hingabe entstehen kann oder ob wir uns stattdessen aufgrund mangelnder Abgrenzungsfähigkeit im Außen verlieren und gar nicht mehr wissen, wer wir eigentlich sind und was unsere eigenen Bedürfnisse sind.

Grundrhythmen des Lebens

Vielen modernen Menschen in westlichen Kulturen ist das Gefühl für natürliche Rhythmen abhandengekommen. Wir wissen oft überhaupt nicht mehr, was wir gerade wirklich brauchen und was uns eigentlich guttut. So missachten viele Menschen die grundlegenden natürlichen Gesetzmäßigkeiten, die notwendig sind, um gesund, vital und ausgeruht sein zu können. Ohne Rhythmus verlieren wir unser natürliches Gleichgewicht und geraten immer mehr in eine Schieflage, die uns unzufrieden, nervös, krank, unglücklich, aggressiv und passiv werden lässt.

Haben wir Probleme mit unseren natürlichen Grundrhythmen, dann müssen wir wieder zurückgehen zur Selbstliebe. Aus der Liebe zu uns selbst finden wir ganz natürlich wieder zurück zu unserer Intuition und dem uns innewohnenden Wissen und der Weisheit, aus der heraus wir genau spüren können, was uns gerade guttut und was nicht. Unsere innere Weisheit, verbunden mit der Selbstliebe, gibt uns genau die Impulse, die wir brauchen, um in der Hinwendung nach außen und in Begegnungen eine echte, authentische Öffnung und eine notwendige Abgrenzung zu schaffen. Diese Begegnung nährt dann alle Beteiligten wirklich und wird zu einem fruchtbaren, bereichernden Austausch zwischen dem Ich und dem Du.

Es ist Konsequenz gefragt, um seine eigenen Rhythmen zu leben. In diesem Zusammenhang faule Kompromisse einzugehen bringt niemandem etwas, weder uns selbst noch allen anderen Beteiligten. Wenn wir von Anfang an klar und deutlich – letztendlich aus tiefster Liebe – »radikal« unsere Grenzen formulieren und kommunizieren und uns trauen, Nein zu sagen, dann könnten wir uns viel Ärger, Leid, Unverständnis und unnötige Konflikte ersparen. Wir sind vom Leben eingeladen, in Begegnungen »radikal« zu werden. Radikal heißt, einfach mit allen faulen Kompromissen aufzuhören, sich nicht weiter zu verbiegen, sich nicht weiter benutzen zu lassen, aber auch aufzuhören, andere zu manipulieren, zu benutzen und für seine Zwecke zu instrumentalisieren.

Hege und Pflege Ihrer Beziehungen

Haben wir uns liebevoll dem Leben und unseren Nächsten zugewandt, dann gilt es im nächsten Schritt, diese Zuwendung und Öffnung zu hegen und zu pflegen. Auch hier geht es allerdings wieder um das rechte Maß. Zu viel Hinwendung und Zuwendung lässt zu wenig Raum für eine freie Entfaltung, zu wenig hingegen kann dazu führen, dass unsere Beziehung zur Welt um uns herum wieder verkümmert und nicht in seinen ganzen Möglichkeiten erblühen kann.

Stellen Sie sich vor, Sie sind Gärtner, und Ihre Aufgabe ist es, einen wunderschönen Blumengarten zu schaffen. Wenn Sie die Blumen gesät haben, dann wachsen sie von Natur aus von alleine, außer Sie haben den Samen an völlig ungeeigneten Plätzen ausgesät. Bei guter Vorbereitung und Planung werden Ihre Blumen ans Tageslicht kommen und ihre Schönheit entfalten. Ihre Aufgabe als Gärtner ist es, ihnen den Rahmen zu geben, also dafür zu sorgen, dass sie genügend Wasser bekommen und dass sie nicht von Unkraut überwuchert werden. Vielleicht unterstützen Sie das Wachstum mit Dünger. Sie geben den Blumen den Raum und den Rahmen, den sie brauchen, um sich optimal entfalten zu können. Wenn Sie beginnen, in die natürlichen Wachstumskreisläufe einzugreifen, indem Sie versuchen, den Stängel der wachsenden Blume schneller lang zu ziehen, der Blume die Sonne nehmen oder ihr Wasser verwehren, dann beginnen Sie zu manipulieren und behindern das natürliche Wachsen der Blume, was dazu führt, dass sie verkümmert oder sogar stirbt.

Genauso ist es mit unseren Beziehungen sowohl zu uns selbst als auch zur Welt. Auch diese brauchen den geeigneten Rahmen und die notwendige Zuwendung, um sich optimal entfalten zu können. Der beste Rahmen, den wir hier geben können, ist die Liebe.

»Der Liebesbrief an das Leben und die Welt«

Für diese Übung brauchen Sie Zettel und Stift. Nehmen Sie sich eine halbe Stunde Zeit, in der Sie ungestört sind. Sorgen Sie für eine ruhige, entspannte Atmosphäre. Zünden Sie eine Kerze an, und wenn Sie mögen, räuchern Sie mit einer Räuchermischung, die Sie gern haben.

Setzen Sie sich nicht unter Druck und geben Sie jegliche Erwartungshaltung auf. Je weniger Sie erwarten und je unvoreingenommener Sie vorgehen, desto besser funktioniert die Übung.

Machen Sie zunächst die vorbereitenden Rituale »Der heilige Raum« (Seite 174) und »Der Schutzkreis« (Seite 176).

Schreiben Sie jetzt einfach einen Liebesbrief an die Welt und an das Leben. Denken Sie beim Schreiben nicht groß nach und machen Sie die Welt nicht klein. Fangen Sie nicht zu grübeln an, sondern verbinden Sie Ihr Kopfhirn, Bauchhirn und Herzhirn und gehen Sie in Ihr Herz. Verbinden Sie sich mit der Liebe, atmen Sie diese nach draußen, und von dieser Position aus schreiben Sie.

Es ist nicht wichtig, wie lang oder kurz Ihr Brief wird. Wichtig ist nur, dass er aus der Liebe kommt. Ein einziger Satz aus tiefstem Herzen: »Ich liebe die Welt und das Leben« ist wesentlich besser als ein Roman, in dem Sie sich nur selbst betrügen.

Wenn Sie fertig sind, dann lesen Sie den Brief noch einmal durch. Bewahren Sie ihn wie einen kostbaren Schatz auf und nehmen Sie ihn immer wieder zur Hand, lesen sie ihn und erfreuen Sie sich an Ihrer Liebeserklärung an die Welt und an das Leben.

Das Tor zur Nächstenliebe

Fassen wir zusammen:
In diesem Quadranten des Medizinrades der Liebe geht es um

- die Hinwendung zur Welt um uns herum,
- den Weg nach außen,
- die Entdeckung der Nächstenliebe.

Das Grundprinzip der Liebe ist hier zu lernen, sich nach außen zu öffnen. Im Wiederfinden der Liebe zur Welt um uns herum erkennen wir die Rollen, die wir für die Welt und die Welt für uns spielt. Wir geben falsche Erwartungen auf, treten in Liebe in Kommunikation mit der Welt und lernen, auf die Herausforderungen des Lebens authentisch zu antworten.

Mit allen Erkenntnissen, Problemen und Hindernissen, die Ihnen in diesem Kapitel begegnet sind, können Sie mit den im Kapitel »Rituale« beschriebenen Ritualen (ab Seite 169) weiterarbeiten.

Brauchen Sie zu einer Frage oder einem Problem eine tief gehende Erkenntnis oder wünschen Sie sich eine neue Sichtweise, so machen Sie das Ritual Nr. 1 »Die Vision des Herzens« (ab Seite 177).

Wollen Sie etwas loslassen und transformieren, so empfehle ich Ihnen das Ritual Nr. 2 »Das Feuer der Transformation« (ab Seite 179).

Wollen Sie etwas hierher auf die Erde bringen, verwurzeln und mit Energie verbinden, so machen Sie das Ritual Nr. 3 »Die Erd- und Sonnenatmung« (ab Seite 180).

Mit der gleichnamigen Begleit-CD zum Buch, die ebenfalls im Arkana-Verlag erschienen ist, können Sie noch tiefer in die Thematik einsteigen.

Hingabe – gemeinsam gehen

In diesem Quadranten des Medizinrades sind wir eingeladen, mit einem Menschen gemeinsam zu gehen und zu lernen, uns ganz hinzugeben. Hier begegnen wir unserem Partner und werden zu den »Liebenden«, über die sich die himmlische Liebe ausdrückt.

Die Polarität von Mann und Frau erinnert uns an unsere Heimat jenseits aller Trennung und lädt uns ein, uns hinzugeben.

Liebe – das himmlische Spiel

So wie wir bei der Hinwendung zum »Du« lernen durften, uns vertrauensvoll dem Leben und den Menschen zu öffnen, so geht es nun bei Liebesbeziehungen darum, echte Hingabe zu lernen.

Das Öffnen nach außen bekommt hier eine neue, viel weitere und größere Dimension. Daraus entsteht Hingabe. Hingabe an sich selbst, an die Liebe, an den geliebten Menschen, Hingabe an das Fest der Liebe. Darum geht es in Liebesbeziehungen. Hier dürfen wir das Prinzip der Hingabe erkennen, erlernen und erfahren.

Was ist Liebe? Eine Hütte mit keinem Palast tauschen wollen. Untugenden und Fehler lächelnd übersehen. Hingabe ohne geringstes Zögern.

Aus China, Autor unbekannt

Wahre Hingabe

Wollen wir uns einem geliebten Menschen wirklich hingeben und authentische Liebesbeziehungen wie im siebten Himmel leben, dann sind die Voraussetzungen hierfür die Selbstliebe, die Öffnung, die innere Freiheit und die eigene Klarheit. Wir müssen uns unserem eigenen Wesen gemäß zeigen und dürfen uns nicht verstecken. Wir sind eingeladen, uns in unserer wahren Natur, in unserer Größe und strahlenden Schönheit zu zeigen, so wie wir eben in unserer Einzigartigkeit sind.

Wenn unser Partner das auch tut, dann treffen zwei Menschen in Freiheit aufeinander. Daraus entsteht dieses wundervolle neue Beziehungsgebilde, in dem jeder die Möglichkeit und den Raum bekommt, um sich seinem Wesen gemäß weiterzuentwickeln, und in dem eine authentische Begegnung stattfinden kann, in dem das Wunder und das Mysterium der Glückseligkeit der Liebe sich ausbreiten können.

Verschiedene Beziehungsformen

Der Einfachheit halber sprechen wir im Folgenden immer von der klassischen Zweierbeziehung zwischen Mann und Frau. Natürlich gibt es auch andere Beziehungsformen, die ohne jegliche moralische Wertung ebenso ihre Daseinsberechtigung haben. Manche Menschen erkennen für sich sehr klar, dass sie in einer klassischen Zweierbeziehung ihr Glück nicht finden. Sie wünschen sich vielleicht einen gleichgeschlechtlichen Partner. Auch die bei uns wenig verbreitete Polyamorie – also die gleichzeitige, auch sexuelle Liebe zu mehr als einer Person – ist eine mögliche Form der Beziehung.

Oft klammern sich Menschen an einen bestimmten Beziehungsstil oder halten gerade das Ausbrechen daraus für ein erstrebenswertes Ziel. Laut Statistik geht jeder Dritte, der in einer festen Beziehung lebt, fremd und »betrügt« seinen Partner. Da die Treue oft als unumstößliches Gesetz vorausgesetzt wird und allein die Vorstellung, dass der Partner Sex mit einer anderen Person hat, Höllenqualen auslöst, wird dieser Bereich tabuisiert und dann heimlich gelebt, weil hier Moral und Trieb unvereinbar aufeinanderprallen.

Sind wir den Weg der Selbstliebe gegangen, können wir uns wirklich öffnen, und wissen wir, wer wir sind und was wir brauchen, dann können wir auch zu Ehrlichkeit und echter Liebe finden und brauchen keine falsche Moral oder falschen Ventile und Ersatzbefriedigungen mehr. Wir wissen, was wir aus tiefstem Herzen wollen, welche Beziehungsform unserem echten inneren Wesen entspricht, und schaffen uns selbst authentisch und ehrlich den Raum hierfür.

Was wünschen Sie sich in einer Beziehung?

Auch die klassische Zweierbeziehung läuft nicht nach einem starren Schema ab. Das ergibt sich ganz einfach aus der Tatsache, dass hier zwei Individuen mit ganz individuellen Geschichten und Hintergründen, mit ihren eigenen Bedürfnissen und Erwartungen aufeinandertreffen. Es kann also niemals DIE Beziehung geben.

Letztendlich ist es egal, welche Beziehungsform wir leben. Wichtig ist, dass wir selbst uns darüber im Klaren sind, was wir in einer Beziehung brauchen und erwarten:

- Was sind Ihre Bedürfnisse?
- Wie viel Freiheit und Freiraum brauchen Sie?
- Wie viel Sicherheit, Geborgenheit und Nähe brauchen Sie?
- Wie viel Ehrlichkeit und Treue brauchen Sie?
- Was ist Ihnen wirklich wichtig?

Diese Fragen können Sie ehrlich nur aus einer inneren Freiheit heraus beantworten, wenn Sie die Übungen und Rituale in den vorherigen Kapiteln gemacht haben.

Die zwölf Beziehungstypen

Die Frage, was Sie sich in einer Beziehung wünschen, können nur Sie allein beantworten. Hilfreich bei der Frage, welcher »Beziehungstyp« Sie sind, kann die folgende Auflistung sein. Die westliche Astrologie unterscheidet zwischen zwölf Beziehungstypen. In der Reinform, wie sie beschrieben sind, werden Sie nur sehr selten einen Menschen finden.

Die folgende Einteilung in unterschiedliche Beziehungstypen, die sowohl für Männer als auch für Frauen gilt, soll nur eine Anregung sein, um sich selbst zu erforschen. Es soll ein kleiner Denkanstoß sein, um für sich selbst zu klären, was für Sie in einer Beziehung und in der Liebe wichtig ist. Wenn Sie nicht wissen, wer Sie sind, und wenn Sie Ihre Bedürfnisse nicht kennen, woher soll dann Ihr Partner das wissen?

Der Unternehmungslustige

Motto: Ich will Action.
Hier muss immer etwas los sein. Langweilig wird es nie. Lieber aktiv, sportlich, begeistert und mit Zivilcourage durchs Leben gehen, als auch nur eine Sekunde Langeweile auszuhalten. Dieser Beziehungstyp ist nicht besonders diplomatisch, fällt oft mit der Tür ins Haus und wirkt dadurch manchmal unsensibel.

Der Besitzergreifende

Motto: Ich will besitzen.
Der Drang, möglichst viel Materie und Besitz anzuhäufen, macht auch vor dem Partner nicht halt. Hier erlebt man aber auch Treue, Genuss auf allen Ebenen, Hege und Pflege. Dieser Beziehungstyp strahlt eine innere Ruhe aus und lässt auch seinen Partner in Ruhe sein. Sein Hang zum Besitz kann auch zu Sturheit und Trägheit führen.

Der Freizeitaktivist

Motto: Ich will mich austauschen und etwas unternehmen.
Hier wird ständig mit Menschen kommuniziert, geredet, getratscht, Informationen ausgetauscht, und man ist ständig unterwegs und erreichbar. Dieser Beziehungstyp ist extrovertiert und eher unruhig und neigt dazu, andere zu stören und im Gespräch in einer gewissen Oberflächlichkeit zu bleiben.

Der Zärtliche

Motto: Ich will dich zärtlich verwöhnen.
Hier wird viel Zärtlichkeit gegeben, Geschenke gemacht und ein Raum geschaffen, in dem Geborgenheit, Empfindsamkeit und Schutz vorherrschen. Er hat eine besondere Beziehung zum gemütlichen Zuhause. Dieser Beziehungstyp neigt zu übertriebener Eifersucht und erwartet oft, dass sein Partner alle seine Bedürfnisse kennt, ohne sie ihm mitteilen zu müssen.

Der König

Motto: Ich bin die Majestät.
Hier erstrahlt das Selbstbewusstsein, und nichts wird kleiner gemacht, als es ist. Alles wird ins rechte Licht gerückt und in Szene gesetzt. Für Minderwertigkeit oder Selbstkritik ist hier kein Platz. Hier wird für gute Stimmung gesorgt, und es gibt Raum für Spaß und Unternehmungen aus purer Lebensfreude. Dieser Beziehungstyp neigt zu übertriebener Selbstbezogenheit und will immer an erster Stelle stehen.

Der Vernünftige

Motto: Gesundheit und Ordentlichkeit.
Hier ist Platz für viel Flexibilität, um sich an die Herausforderungen des Lebens und des Partners anzupassen. Die gute Beobachtungsfähigkeit erlaubt diesem Beziehungstypen, auch kleinste Details in der Beziehung zu erkennen und darauf zu achten, dass Platz für Vernunft und Ordnung ist und die Gesundheit nicht zu kurz kommt. Dieser Beziehungstyp neigt dazu, zu sehr zu leiden und aus dem Hang zum Korrekten zu starr zu werden.

Der Ausgeglichene

Motto: Alles muss in Balance sein.
Hier wird für Harmonie und Ausgleich gesorgt, und es herrscht ein gepflegter, diplomatischer und freundlicher Umgang. Auch die Erotik kommt hier nicht zu kurz. Dieser Beziehungstyp neigt dazu, ständig alles zu beschönigen und andere als die Bösen dastehen zu lassen.

Der Prinzipientreue

Motto: Ich will in der Tiefe die Wahrheit erkennen.
Hier wird hinter die Fassaden geschaut und die tiefsten Tiefen ergründet. Leidenschaft und Sex spielen eine große Rolle. An Prinzipien und einmal gefassten Entschlüssen wird festgehalten. Verbindlichkeit spielt eine große Rolle. Dieser Beziehungstyp neigt dazu, andere zu überwachen, und will ihnen seine Vorstellungen aufzwingen.

Der Sinnsuchende

Motto: Philosophie ist wichtiger als Prinzipien.
Hier wird viel gedacht und philosophiert. Reisen sowohl in der Außenwelt als auch in die Innenwelt sind wichtig. Die grundlegende Einstellung ist optimistisch, geistige und sexuelle Abenteuer haben hier ihren Platz. Dieser Beziehungstyp neigt zu Untreue und aufgrund seiner geistigen Fähigkeiten zu Hochmut und Überheblichkeit.

Der Zuverlässige

Motto: Ich will Verantwortung übernehmen.
Zuverlässigkeit und Treue spielen hier eine tragende Rolle. Er steht für seine Rechte und die seines Partners ein und ist auch bereit, diese ehrgeizig und hartnäckig durchzusetzen. Auf ihn kann man sich verlassen. Dieser Beziehungstyp neigt dazu, seinen Partner zu maßregeln und die Schuld niemals bei sich selbst zu sehen. Seine Gefühle kann er oft nur sehr schwer zeigen.

Der Unabhängige

Motto: Freiheit und Individualität.
Hier gibt es ständig neue Ideen, und es wird für Abwechslung gesorgt, sodass es niemals langweilig wird. Veränderung ist ein ständiger Begleiter. Normen und Konventionen spielen keine Rolle, und in der Sexualität herrscht eine große Experimentierfreude vor. Dieser Beziehungstyp neigt aus Angst vor Abhängigkeiten dazu, keine Nähe zuzulassen, und hat eine Tendenz zu Seitensprüngen.

Der Fantasievolle

Motto: Das Leben ist ein Traum.
Hier geht es oft liebevoll chaotisch zu, Arbeit und ein geregeltes Leben sind eher nebensächlich. Lieber wird geträumt und fantasiert. Grenzen können sich komplett auflösen, und hemmungsloser Sex mit tiefer Sensibilität ist möglich.

Dieser Beziehungstyp neigt zu Labilität und leidet oft. Auch hat er einen Hang zu sexuellen Eskapaden und Untreue.

Verliebtsein: Schmetterlinge im Bauch

Bevor wir uns ausführlich mit der Frage beschäftigen, welchen Sinn Beziehungen aus spiritueller Sicht haben, wollen wir uns diesem Thema kurz aus »biologischer« Sicht nähern.

Wenn wir uns von einem Menschen angezogen fühlen, wenn wir uns in ihn verlieben, dann setzt in unserem Körper ein an sich erstaunlicher Mechanismus ein: Unser Hormonsystem produziert plötzlich eine Unmenge an Glückshormonen, und in unserem Gehirn werden Bereiche aktiviert, die bisher in einem Tiefschlaf versunken waren. Oft verschwinden wie durch Zauberhand Probleme, wir brauchen weniger Schlaf, das Leben fühlt sich plötzlich leicht und wundervoll an, und wir haben das Gefühl, auf Wolken zu schweben.

Nur Verliebte haben eine Vorstellung
von der Ewigkeit.

*Emanuel Wertheimer, deutsch-österreichischer Philosoph
und Aphoristiker (1846-1916)*

Biologisch gesehen sind all diese Mechanismen sinnvoll. In uns sind trotz aller wissenschaftlichen und technischen Errungenschaften und trotz all unseres Wissens immer noch die uralten Programme aktiv, die unser Überleben gesichert haben und immer noch sichern. Wir wollen überleben, sowohl als Individuum als auch als Art. Deshalb laufen die Urprogramme in uns ab, die uns dazu bringen, uns um Nahrung zu kümmern, die uns zu Kampf oder Flucht auffordern, sobald wir bedroht werden, und die uns zu Sex auffordern, um unsere Art zu erhalten. Dafür ist es wichtig, notwendig und sinnvoll, dass wir uns zu einem anderen Menschen stark hingezogen fühlen und dass wir diesen Menschen durch eine rosarote Brille sehen. So wird uns suggeriert, wir hätten den idealen Partner gefunden, um unser Genmaterial mit ihm zu teilen und in die Welt zu geben. Dieser Mechanismus sichert seit Anbeginn der Menschheit deren Überleben.

So unromantisch diese Erklärung anmutet, Fakt ist, dass alle Menschen den Zustand des Verliebtseins als wunderschön empfinden, und gäbe es ihn nicht, würden wahrscheinlich nur die wenigsten Paare wirklich zueinanderfinden. Würden wir von Beginn an den »geliebten« Menschen genau so sehen, wie er ist, mit all seinen Fehlern und Schwächen, und wüssten wir schon zu Beginn, was uns alles erwartet, würden viele Menschen sofort die Flucht ergreifen.

Nun lässt dieses wundervolle Gefühl aber leider nach mehr oder weniger langer Zeit nach, und die rosarote Brille verfärbt sich zum Alltagsgrau. Wir sehen wieder normal, und unser Hormonspiegel hat sich normalisiert. Manche Menschen ergreifen in dieser Phase desillusioniert die Flucht, manche resignieren in ihrer Beziehung – und manche erkennen die Chance, die sich ihnen in der Beziehung bietet.

Vom Geheimnis der Anziehung und Abstoßung

Um diese Chance erkennen zu können, ist es wichtig, aus spiritueller Sicht zu beleuchten, was passiert, wenn sich zwei Menschen ineinander verlieben. Warum wählen wir genau diesen Menschen als unseren Partner, warum wollen wir mit ihm durchs Leben gehen und vielleicht auch eine Familie gründen?

Wie bereits mehrmals erwähnt, spiegelt uns das Außen immer unser eigenes Innenleben wider. Wir können uns also nur in einen Menschen verlieben, mit dem wir dieses Grundprinzip des Sichspiegelns entweder auf möglichst vielen Lebensgebieten oder auf einigen wenigen Gebieten extrem energiegeladen leben können. Wir ziehen einen Partner an, der für unsere eigene Entwicklung innerseelisch zumindest in sehr wichtigen Bereichen ähnliche Themen mitbringt. So schaffen wir die Voraussetzung für unsere eigene optimale Entwicklung und für die unseres Partners.

Gerade wenn es um vermeintliche Fehler und Schwächen unseres Partners geht, neigen wir dazu, dieses Prinzip der Spiegelung zu negieren. »Das kann doch wohl nicht sein, die Dinge, die ich an meinem Partner ablehne, können doch nichts mit mir zu tun haben!«, schreit Ihr Ego vermutlich entrüstet auf. Aber wenn wir ehrlich zu uns selbst sind und uns liebevoll auf uns selbst und auf unseren Partner einlassen, erkennen wir, dass gerade der von uns gewählte Partner derjenige ist, der uns sowohl im positiven als auch im negativen Sinne uns selbst zeigt und spiegelt. Im negativen Sinn immer dann, wenn wir unsere eigenen Themen nicht erlöst haben und nicht hinschauen wollen oder können.

Wir sollten unserem Partner mit großer Dankbarkeit begegnen, wenn er die Finger in unsere Wunden legt. Er stellt sich zur Verfügung, um unsere eigene spirituelle Entwicklung als Mensch und als geistiges Wesen voranzutreiben. Wir würden kein Resonanzfeld mehr aufbauen, wenn wir diese schmerzenden Bereiche bereits in Frieden und Liebe erlöst hätten.

Chancen erkennen

Das Ziel einer Beziehung ist es also, die von uns als so negativ empfundenen Bereiche als Chance für die eigene Entwicklung zu erkennen und anzufangen, an uns selbst zu arbeiten. Dass sich ein Mensch zur Verfügung stellt, ist ein Akt der Hingabe. Durch diesen unverfälschten Spiegel gibt er uns die Chance, sehend zu werden, zu erkennen, wer wir wirklich sind, und uns zu entwickeln.

Letztendlich ist eine Liebesbeziehung der Turbomotor für unsere eigene Entwicklung. Im Idealfall kommen wir irgendwann an einen Punkt, an dem sich alles wendet und wir feststellen, dass wir unsere größten Themen und Defizite bearbeitet und erlöst haben. Einen Partner nicht mehr als Spiegel ihrer Unerlöstheit zu brauchen erleben allerdings die wenigsten Menschen.

Liebe und Freiheit

Tritt dieser Wendepunkt ein, können wir beginnen, unsere Liebesbeziehung in Freiheit zu leben. Wir können uns in unserer wahren Größe zeigen und geben alle unsere Erwartungshaltungen auf.

Erst wenn beide Partner diesen Weg gegangen sind und diesen Zustand gemeinsam erreichen, ist eine echte Begegnung und eine authentische Liebesbeziehung möglich. Wenn wir uns nicht mehr gegenseitig als »Krückstöcke« benutzen, so wie wir das normalerweise tun, können wir authentischer sehen und gesehen werden. Wir können uns in unserer wahren Natur zeigen. Hier beginnt das Mysterium der »Liebenden«, hier beginnt echte Liebe, die uns dauerhaft den »siebten Himmel« öffnet, hier beginnt in Liebesbeziehungen das Paradies auf Erden.

Von der Illusion der Liebe

Die meisten Liebesbeziehungen nützen diese Chance leider nicht, sondern laufen nach stereotypen Mustern ab. Wir verlieben uns, und am Anfang ist alles bestens. Wir schweben auf rosaroten Wolken, erliegen der Illusion und wähnen uns schon im siebten Himmel, haben vermeintlich göttlich guten Sex miteinander, aber innerhalb kurzer Zeit kippt alles. Das, was wir zuvor so wundervoll an unserem Partner fanden, verschwindet, und es tauchen plötzlich »negative« Eigenschaften auf, die wir zuvor überhaupt nicht wahrgenommen haben. Uns wird bewusst, dass der »Traumpartner« auch nur ein ganz normaler Mensch mit Schwächen, Defiziten und »störenden« Eigenschaften ist. Das Verliebtsein wandelt sich vielleicht in ein Genervtsein. Die Hormone beruhigen sich, die Illusionen schwinden dahin, und die Realität zeigt schonungslos ihr wahres Gesicht. Plötzlich ist das, was wir als Liebe empfunden haben, einfach weg, verschwunden.

An diesem Punkt trennen sich viele Paare wieder und suchen weiter nach der großen Liebe, ohne sie jedoch jemals zu finden. Andere Paare bleiben zusammen, manche sogar ihr Leben lang, da die Partner aber nicht den wahren Sinn und die Chancen der Beziehung erkennen, benutzen sie sich gegenseitig und versuchen, die eigenen Defizite aufzufüllen. Sind sie beispielsweise schüchtern, haben sie sich eventuell einen Partner gewählt, der im Gegenpol ist und sehr extrovertiert und dominant auftritt. Wenn Menschen sich sehr klein und unbedeutend fühlen, dann soll die Größe ihres Partners an ihrer Seite ihre eigene Kleinheit kaschieren, und dessen Größe muss auch für sie selbst herhalten.

Das Ego schafft Abhängigkeiten

In diesem Fall benutzt unser verletztes Ego den Partner, der im Gegenpol ist, missbraucht ihn und versucht so, ein Gleichgewicht und einen Ausgleich zu schaffen, was aber nur in Abhängigkeiten führt. Das funktioniert, solange sich der Partner zur Verfügung stellt, weil sein verletztes Ego wiederum unseren Gegenpol braucht, um sich auszugleichen. Eine Entwicklung ist so auf beiden Seiten nicht möglich. Bei diesem »Spiel« verharren wir unterbewusst in festgefahrenen Mustern und Rollen. Keiner der Partner darf aussteigen, da sonst das ganze Gleichgewicht kippt und das ganze Gebilde der Illusionen einstürzt.

Versucht einer der Beteiligten trotzdem, aus dem Rollenspiel auszusteigen, ist eine Auseinandersetzung quasi vorprogrammiert: Wir beschimpfen unseren Partner als Egoisten und versuchen mit allen uns zur Verfügung stehenden subtilen und manipulativen Mitteln, ihn wieder in die alte Rolle zurückzuzwingen. Gelingt dies nicht, entsteht in der Beziehung meist eine extreme Spannung, das Zusammenleben wird zur Tortur. Manche Menschen verharren ihr Leben lang in solch einem Zustand, andere trennen sich enttäuscht, und nur wenige nehmen den Schmerz als Chance wahr und beginnen, sich zu hinterfragen, und erkennen die Möglichkeit, sich weiterzuentwickeln.

Der höhere Sinn der Liebe

Ob wir die Beziehung zu unserem Partner als Chance zur Weiterentwicklung wahrnehmen, hängt vom Blickwinkel ab, von dem aus wir Beziehungen betrachten. Wenn wir Beziehungen durch die Augen der verschleierten, vernebelten Welt betrachten, also durch die Augen unserer zweiten Natur, die in ihrem Traum gefangen ist, und wir die Realität nicht wirklich erkennen können, dann ist die Suche nach der »großen Liebe« nur ein Selbstzweck, um unser verletztes Ego zu stärken, das nach Mitteln und Wegen sucht, um unsere Wunden immer und immer wieder mit einem Trostpflaster zu bekleben.

Wenn wir allerdings erkannt haben, dass hinter den Illusionen unseres Egos andere Möglichkeiten, Wahrheiten und Herausforderungen warten, die uns zu dem werden lassen, was wir immer schon sind, nämlich Liebe, wird uns das vermutlich aber nicht reichen! Wenn wir erkannt haben, dass wir geistige, authentische Wesen aus reiner, purer Energie sind, die hierhergekommen sind, um uns selbst zu erkennen, um zu erwachen und um unseren Lebenssinn zu finden, indem wir uns selbst der Welt schenken und hingeben mit allem, was wir im Gepäck dabeihaben, dann werden wir einen höheren Sinn in der Liebe suchen und finden.

Das Leben und die Liebe feiern

Aus der Sicht der reinen universellen Liebe betrachtet schenken Beziehungen uns die Möglichkeit, das Leben zu feiern, die Liebe zu feiern, in der Verschmelzung das Universum und Gott zu feiern.

Eine authentische Liebesbeziehung kann zu einem Tanz des Lebens werden. Zwei Menschen bringen die Liebe und Freude ins Leben, verwirklichen gemeinsam ihre Potenziale und wachsen gemeinsam weit über das hinaus, was alleine möglich gewesen wäre.

Liebe bleibt die goldne Leiter,
drauf das Herz zum Himmel steigt.

Franz Emanuel August Geibel, deutscher Lyriker (1815–1884)

Wenn wir aber immer noch im verletzten Ego sind, also nicht in der Selbstliebe, sondern in der Ablehnung, in Ängsten, alten Glaubenssätzen, wesensfremden Vorstellungen und in der Verschlossenheit, dann können wir uns dem »Du« nicht öffnen und schon gar nicht hingeben. Daraus entstehen Beziehungen, die auf Misstrauen, Lüge und Betrug basieren. Hier zeigen Menschen nur ihre Masken, spielen sich gegenseitig etwas vor und trauen sich nicht, ihr wahres Gesicht und Wesen zu zeigen. Ein Schattenwesen trifft auf ein anderes Schattenwesen, und so potenziert sich der Schatten zu einem Schattenreich, in dem die Beziehung in die Dunkelheit abgleitet und kein Raum für das Licht mehr ist. Es entsteht ein Schattenkampf und ein Geschlechterkampf.

Typische Beziehungskiller

Wenn Menschen nicht in der Selbstliebe sind, sich hinter Masken verstecken, Rollen spielen, den Partner benützen, um sich selbst besser zu fühlen, Verantwortung abwälzen und mit Schuldzuweisungen arbeiten, ist ein Scheitern der Partnerschaft quasi vorprogrammiert. Typische Beziehungskiller sind folgende Aussagen:

Beziehungskiller Nr. 1:
»Du bist schuld, du musst dich ändern.«
Hier wird jegliche Verantwortung für alle Partnerschaftsprobleme dem Partner aufgebürdet. Damit wird auch die Notwendigkeit nicht gesehen, an sich selbst zu arbeiten.

Beziehungskiller Nr. 2:
»Ich mache alles, was du willst.«
Hier wird das Prinzip »Aufopferung« gelebt in der Hoffnung, dafür Anerkennung und Liebe zu bekommen. Die eigene Persönlichkeit wird konsequent den Wünschen des Partners untergeordnet.

Beziehungskiller Nr. 3:
»Du bist verantwortlich dafür, dass es mir gut geht.«
Hier wird die Verantwortung für das eigene Wohlergehen und für die eigene Gefühlslage dem Partner zugeschoben. Dieser soll durch sein Verhalten dafür sorgen, dass man selbst immer gut drauf sein kann.

Beziehungskiller Nr. 4:

»Ich muss für meine Beziehung nichts tun.«

Hier wird jegliche Form der eigenen Verantwortung für die Beziehung negiert. Die Beziehung spielt keine große Rolle, sondern wird als selbstverständlich angesehen.

Beziehungskiller Nr. 5:

»Mir ist langweilig, ich bin völlig lethargisch.«

Hier bestimmt Passivität die Beziehung. Anstatt zu handeln und eine aufregende Beziehung aktiv zu gestalten, verharrt man lieber in seiner Komfortzone ohne jegliche Spannung.

Beziehungskiller Nr. 6:

»Wenn es Probleme gibt, dann laufe ich schnell davon.«

Hier ist die Sehnsucht nach der heilen Welt das bestimmende Element. Anstatt die Realität so anzuerkennen, wie sie ist, wird weiter ein völlig unrealistisches Bild von Harmonie und Glück zum Maßstab.

Beziehungskiller Nr. 7:

»Wir müssen über alles reden, alles ausdiskutieren.«

Hier muss ständig über alles diskutiert werden. Anstatt aktiv zu werden, verlieren sich alle Impulse zur Veränderung in endlosen Diskussionen.

Beziehungskiller Nr. 8:

»Sei mir immer, immer nah.«

Hier wird Nähe zur Sucht, sodass keine Luft mehr zum Atmen bleibt und der Partner quasi erdrückt wird.

Beziehungskiller Nr. 9:
»Meine Freunde wissen alles besser.«
Hier sind die Ratschläge von allen anderen wertvoller als die Meinung des Partners. Er wird nicht wirklich ernst genommen.

Überprüfen Sie sich selbst, welche der genannten Beziehungskiller bei Ihnen aktiv sind oder ob es noch andere gibt, die Ihnen Ihre Beziehung schwer machen und immer wieder für Stress, Streit und Enttäuschungen sorgen.

Um sich von Ihren negativen Mustern und Beziehungskillern zu befreien, führen Sie das Ritual Nr. 2 »Das Feuer der Transformation« durch (Seite 179).

Liebe findet jetzt statt

Liebe ist zeitlos. Sie kennt keine Vergangenheit und keine Zukunft. Nur in diesem Moment, also in dem winzigen Augenblick zwischen der Vergangenheit und der Zukunft, können wir sie erleben und erfahren. Nun neigen wir alle dazu, in unseren Gedanken entweder in der Vergangenheit zu verweilen, indem wir über längst vergangene Ereignisse nachgrübeln, in Erinnerungen schwelgen oder unsere traurigen Erfahrungen und erlebten Traumata immer und immer wieder durchkauen. Oder wir sind in der Zukunft und machen uns Gedanken, was alles passieren könnte, tauchen ein in die Angst vor eventuell eintretenden Ereignissen oder planen nach vorne. Dabei vergessen wir ganz, dass das Leben jetzt stattfindet. So verbringen wir einen Großteil unseres Lebens nicht im Hier und Jetzt, sondern in der Vergangenheit oder der Zukunft. Beides ist letztendlich nicht real.

Erst in der Hingabe an die Liebe kommen wir in diesem Moment jenseits der linearen Zeit an und erleben Momente der Unendlichkeit, indem wir genau im Hier und Jetzt landen und sich die Zeitstruktur auflöst. Jeder Mensch hat schon einmal erlebt, dass er Raum und Zeit um sich herum vergisst, wenn ihn etwas so in den Bann zieht, dass die gesamte Aufmerksamkeit sich darin bündelt.

Der Weg zum himmlischen Lieben

Wollen wir wirklich glückliche Beziehungen führen und frei sein von dem ganzen alten Ballast, den wir mit uns herumschleppen, dann müssen wir uns von all diesen Dingen ablösen. Wir brauchen eine Möglichkeit, um all diese Anhaftungen in uns zu entkoppeln. Das ist der erste Schritt, um sie dann loszulassen.

Gedanken und Gefühle

Jeder Gedanke, den wir denken, ist immer mit einem Gefühl verbunden. Diese Gefühle wiederum sind aus alten Situationen heraus entstanden und mit diesen immer noch verbunden. Unser ganzes Gefühlsleben greift immer auf Erfahrungen zurück, die wir irgendwann einmal gemacht haben und die uns entsprechend geprägt haben. Das gilt sowohl für negative als auch für positive Gefühle. Wir unterscheiden hier der Einfachheit halber nicht zwischen Emotionen und Gefühlen. Sie steigen einfach auf, wenn wir in eine bestimmte

Situation kommen und wir bewusst oder unbewusst einen bestimmten Gedanken denken, mit dem wir auf die Situation reagieren. Auch die meisten unserer Gedanken, die wir den ganzen Tag unbewusst und automatisch denken, sind an alte Erfahrungen und Erlebnisse und so zunächst untrennbar mit den entsprechenden Gefühlen gekoppelt.

Wenn Sie zum Beispiel in Ihrer Kindheit traumatische, angstvolle Erfahrungen mit Ihrem cholerischen Vater gemacht haben, dann werden diese Gefühle der Angst und die entsprechenden Gedanken dazu sofort aktiviert, wenn Sie auf einen Menschen treffen oder in eine Situation geraten, wo ähnlich agiert wird. Wenn Ihre Angst in der Kindheit jedoch in grenzenlose Wut übergegangen ist, dann werden dieses Gefühl und die dazugehörigen Gedanken aktiviert.

Wie ferngesteuert reagieren

Nun haben wir auf diese automatischen Mechanismen erst einmal keinerlei Einfluss, wir sind ihnen hilflos ausgeliefert. So wie jemand einen Lichtschalter anknipst und daraufhin die Lampe leuchtet, so werden in uns unsere alten situationsbezogenen Gedanken und Gefühle einfach angeschaltet, wenn wir in ähnliche Situationen kommen und ähnlich agierenden Menschen begegnen, wenn also durch die jeweilige Situation der entsprechende Knopf in uns gedrückt wird. Wir haben einfach keine anderen Möglichkeiten und reagieren wie ein Roboter automatisch und ferngesteuert auf die eintreffenden Impulse.

Genauso passiert es in Beziehungen. Hier drückt unser Partner durch sein Verhalten, seine Worte und Gesten die entsprechenden Knöpfe in uns. Daran können wir erkennen, was wir selbst an alten Mustern mitgebracht haben. Was haben wir bereits in der Schwangerschaft und Geburt mitbekommen, was in der frühen Kindheit? Gerade die hier abgespeicherten Muster und Emotionen sind mitentscheidend, wie wir in Beziehungen reagieren und agieren.

Leider sind aber gerade diese Lebensabschnitte unserem Bewusstsein am schwersten zugänglich, da wir auf diese Erinnerungen zunächst keinen Zugriff haben. Da unsere Fähigkeit des rationalen und analytischen Denkens noch nicht wirklich ausgeprägt war, haben wir hier vorwiegend Zugriff auf abgespeicherte Emotionen, ohne sie wirklich einordnen oder in Bezug zu uns und unserer Vergangenheit setzen zu können.

Lösungswege

Auch eine Menge an unbewussten Glaubenssätzen sind in diesen Lebensabschnitten in Bezug auf Beziehungen entstanden. Diese aufzuspüren und – falls sie negativ geprägt sind – aufzulösen ist eine der wichtigsten Aufgaben, wollen wir uns aus den alten, erlernten Mustern lösen und frei werden. Haben wir dies erledigt, müssen wir im nächsten Schritt unsere eigenen Beziehungserfahrungen anschauen und hinterfragen. Wurden wir oft enttäuscht, verletzt und verlassen, oder haben wir selbst unseren Partner enttäuscht, verletzt, betrogen, verlassen oder gedemütigt?

Schauen Sie sich das Trauma Ihrer ersten großen, enttäuschten Liebe an, das Trauma Ihres ersten »Verlassenwerdens«, die Traumata, die Sie in Ihren bisherigen Beziehungen erlitten haben. Überlegen Sie sich, wie Sie dadurch geprägt wurden und welche Einstellung zu Beziehungen Sie deshalb heute in sich tragen. Solange noch etwas von den alten Beziehungsschmerzen in uns wohnt und unser Herz belastet, solange wir alte, prägende Glaubenssätze bezüglich Partnerschaft, Beziehungen, Liebe und Sex unterbewusst oder bewusst in uns tragen, sind wir nicht frei für die Begegnung in diesem Moment. Wir sind nicht in der Lage, das Wunder der Begegnung im Jetzt zu erleben und zu genießen. Wir sind in unserem Alptraum der alten Wunden, Verletzungen, Partnerschaften und Glaubenssätze gefangen. Wir spulen immer und immer wieder denselben Film ab und wiederholen in verschiedenen Varianten unsere Vergangenheit.

Diese stereotypen Verhaltensweisen haben aber nichts mit der aktuellen Situation zu tun. Wir projizieren eine auf Angst basierende Erwartungshaltung in die Zukunft und handeln nicht im Hier und Jetzt. Unser Verhalten basiert bestenfalls auf der Hoffnung, dass alles besser werden möge, aber nicht auf der Realität des Augenblicks. So bleiben wir weiter in unseren persönlichen Alpträumen gefangen, erwachen nicht, erkennen nicht und lernen nichts dazu.

Der Weg ist hier also, die alten Muster, Gefühle, Gedanken aufzuspüren, die Anhaftungen zu finden, sie in Heilung zu bringen und zu entkoppeln, um sie dann im letzten Schritt loszulassen und zu transformieren. Erst dann haben wir Platz in uns für die echte Liebe und für wirkliche Freiheit.

»Der Liebesbrief an Ihren Partner (falls Sie keinen Partner haben, an den Traumpartner)«

Für diese Übung brauchen Sie Zettel und Stift. Nehmen Sie sich eine halbe Stunde Zeit, in der Sie ungestört sind. Sorgen Sie für eine ruhige, entspannte Atmosphäre. Zünden Sie eine Kerze an, und wenn Sie mögen, räuchern Sie mit einer Räuchermischung, die Sie gern haben.

Setzen Sie sich nicht unter Druck und geben Sie jegliche Erwartungshaltung auf. Je weniger Sie erwarten und je unvoreingenommener Sie vorgehen, desto besser funktioniert die Übung.

Machen Sie zunächst die vorbereitenden Rituale »Der heilige Raum« (Seite 174) und »Der Schutzkreis« (Seite 176).

Schreiben Sie jetzt einfach einen Liebesbrief an Ihren Partner. Denken Sie beim Schreiben nicht groß nach und machen Sie Ihren Partner nicht klein. Fangen Sie nicht zu grübeln an, sondern verbinden Sie Ihr Kopfhirn, Bauchhirn und Herzhirn, und gehen Sie in Ihr Herz. Verbinden Sie sich mit der Liebe, atmen Sie diese nach draußen, und von dieser Position aus schreiben Sie.

Es ist nicht wichtig, wie lang oder kurz Ihr Brief wird. Wichtig ist nur, dass er aus der Liebe kommt. Ein einziger Satz aus tiefstem Herzen: »Ich liebe dich« ist wesentlich besser als ein Roman, in dem Sie sich nur selbst betrügen.

Wenn Sie fertig sind, dann lesen Sie den Brief noch einmal durch. Bewahren Sie ihn wie einen kostbaren Schatz auf und nehmen Sie ihn immer wieder zur Hand, lesen Sie ihn und erfreuen Sie sich an Ihrer Liebeserklärung an Ihren Partner.

Das Tor zur Hingabe

Fassen wir zusammen:
In diesem Quadranten des Medizinrades der Liebe geht es um einen gemeinsamen Weg, den wir mit einem Partner wagen. Das Grundprinzip der Liebe ist hier, Hingabe zu lernen und alle unsere Erwartungen aufzugeben. Im Erkennen, dass unser Partner uns mit seinem Verhalten dient, indem er uns spiegelt und uns zeigt, wo wir noch nicht in der Liebe sind, lernen wir die Hingabe und das Dienen kennen. Wir sind aufgefordert, die Liebe im Hier und Jetzt zu leben und zu erleben und gemeinsam das Paradies in einer echten, authentischen Begegnung zu betreten. Wir gehen gemeinsam in den siebten Himmel und sind erwartungslos im Paradies.

Mit allen Erkenntnissen, Problemen und Hindernissen, die Ihnen in diesem Kapitel begegnet sind, können Sie mit den im Kapitel »Rituale« beschriebenen Ritualen (ab Seite 169) weiterarbeiten.

Brauchen Sie zu einer Frage oder einem Problem eine tief gehende Erkenntnis oder eine andere Sichtweise, so machen Sie das Ritual Nr. 1 »Die Vision des Herzens« (ab Seite 177).

Wollen Sie etwas loslassen und transformieren, so führen Sie das Ritual Nr. 2 aus »Das Feuer der Transformation« (ab Seite 179).

Wollen Sie etwas hierher auf die Erde bringen, verwurzeln und mit Energie verbinden, so machen Sie das Ritual Nr. 3 »Die Erd- und Sonnenatmung« (ab Seite 180).

Mit der gleichnamigen Begleit-CD zum Buch, die ebenfalls im Arkana-Verlag erschienen ist, können Sie noch tiefer in die Thematik einsteigen.

Ekstase – Auflösung aller Begrenzungen

In diesem Quadranten des Medizinrades sind wir eingeladen, endgültig alle Begrenzungen und Grenzen zu überwinden und in der Vereinigung und Verschmelzung mit einem anderen Menschen die Ekstase zu erleben, in der wir wieder heimkehren in die Grenzenlosigkeit dieses Universums.

Sex – das göttliche Vergnügen

Falls Sie die ersten Kapitel dieses Buches übersprungen oder nur oberflächlich überflogen haben, um gleich in das Thema Sexualität einzusteigen, dann bitte ich Sie um etwas Geduld. Lesen Sie das Buch von Anfang an durch und arbeiten Sie mit den Übungen und Ritualen.

Wie bereits erwähnt ist es im Medizinrad der Liebe letztendlich egal, wo wir beginnen und wo wir aufhören. Aber viele der Aussagen in diesem Buch bauen aus didaktischen Gründen aufeinander auf. Vieles, was in den vorherigen Kapiteln gesagt wurde, gilt genauso für den vierten Quadranten, in dem es um unsere Sexualität geht. In den vorherigen Kapiteln lernen Sie also die Grundprinzipien, auf denen sich ekstatische Sexualität aufbaut. Diese helfen Ihnen dabei, zu einer Form der Sexualität zu finden, die Sie wirklich zutiefst berührt, befriedigt und beglückt.

Sex und Liebe

Was den Sex angeht, haben wir Menschen ein ganz besonderes Geschenk mit auf unseren Weg bekommen. Wir sind beim Sex nicht nur von unseren Stammhirnregionen gesteuert, bei denen es ausschließlich um die triebgesteuerte Arterhaltung geht. Wir können unsere Triebe mit unserer Fantasie, mit unseren Gedanken und Gefühlen und mit unserer Fähigkeit zu echter, tiefer Liebe verknüpfen. Darin liegen unendlich viele Möglichkeiten, ganz individuell Lust zu empfinden und wahre, tiefe Befriedigung und Erfüllung zu erfahren.

Leider schöpfen nur die wenigsten Menschen diese Möglichkeit aus. Anstatt sexueller Ekstase erleben viele gähnende Langeweile, bleiben unbefriedigt oder jagen dem sexuellen Kick hinterher wie die Drogenabhängigen ihrem Stoff, ohne jedoch jemals wirklich Erfüllung zu erleben.

Erlaubt ist, was gefällt

Spätestens seit dem Erfolg von »Fifty Shades of Grey« hat sich gezeigt, wie viele Menschen fasziniert sind von einer Sexualität jenseits dessen, was die meisten Menschen leben. Falls Sie auch zu den Menschen gehören, die – aus welchen Gründen auch immer – ihre sexuellen Wünsche nicht ausleben, sondern routiniert ihr »Bettprogramm abspulen« und in der Partnerschaft immer frustrierter werden, stellt sich die einfache Frage: Warum? Warum verwehren Sie sich göttlichen Sex, wenn Sie doch Lust darauf haben?

Machen Sie sich eines klar: In der Sexualität ist alles erlaubt, solange es nicht gegen den Willen eines Menschen geschieht und kein anderer Schaden nimmt. Leben Sie also mit Ihrem Partner prickelnde Erotik und ekstatischen Sex, tauchen Sie ein in eine Welt, in der Sie göttlich vögeln und Sie Ihre Scham, Schuldgefühle, Tabus und falsche Moral überwinden. Sex soll und darf Spaß machen und sollte keine langweilige Pflichterfüllung sein.

Die Königsdisziplin – wirklich guter Sex

Manche Menschen vertreten die Ansicht, dass wir doch geistige, spirituelle Wesen seien, dass die Sexualität etwas sei, was wir hinter uns lassen müssten, und dass unsere primitiven Triebe hinderlich seien auf dem Weg zur Erleuchtung. Sie argumentieren, dass die ganze Welt der Materie, also auch unser Körper und die Identifizierung damit, falsch sei. In Wahrheit sei das alles eine einzige große Illusion. Es ginge darum, aus diesem schlafähnlichen Zustand aufzuwachen und sich der wirklichen Realität hinter den Schleiern der Materie zu widmen. Sexualität, Triebe, Instinkte und so weiter seien dabei nur hinderlich und müssten überwunden werden.

Sicherlich ist es aus spiritueller Sicht richtig, dass wir in unserer tiefsten, wahren Natur geistige Wesen sind, reine Energie, reine Liebe, ausgestattet mit einer Seele. Das Erkennen und Verstehen dieser Wahrheit hilft uns, unsere Anhaftung an die Materie, an die körperlichen Dinge und auch an die Triebe zu lockern und uns der geistigen Welt zuzuwenden.

Die Sichtweise der Stammeskulturen

In schamanischen Stammeskulturen, deren Sichtweise der Welt ja sehr spirituell geprägt ist, käme allerdings niemand auf die Idee, Materie, Natur, Triebe oder Sexualität abzulehnen oder gar als etwas anzusehen, was überwunden werden müsste. Hier hat alles seinen Platz, alles Existierende ist beseelt und lebendig, und in allem spiegelt sich der Funke Gottes wider. Die Erde ist die Große Mutter, die Natur schenkt den Menschen das Leben und sichert ihnen das Überleben. Die Natur, der Körper und die Sexualität sind Geschenke Gottes, die es zu entwickeln und zu genießen gilt.

Auch im Yoga und im Tantra aus der indischen Philosophie finden wir die Sichtweise, dass der Körper und die körperliche Liebe Mittel sind, über die wir zur Erleuchtung gelangen können.

Platonische Liebe kommt mir so vor
wie ein ewiges Zielen und niemals losdrücken.

Wilhelm Busch, deutscher Dichter,
Zeichner und Maler (1832–1908)

Sexualität ist weder schlecht noch böse

Glauben Sie ernsthaft, Gott wäre so sadistisch und würde uns zuerst den Körper mit all unseren Trieben mit auf den Weg geben, um uns dann damit zu quälen, dass das alles schlecht, böse und hinderlich sei und überwunden werden müsse? Nein, die Verteufelung der Sexualität ist menschengemacht und hat mit echter Spiritualität nichts zu tun. Wir sollten uns immer klarmachen, dass wir nicht auf dieser Welt sind, um zu kämpfen und zu leiden. Wir sind hier, um das Leben zu genießen, um unseren Körper, die Liebe und die Sexualität als etwas Wunderschönes zu erleben. Es geht darum, über unseren Körper, unsere Sexualität eine ekstatische Verschmelzung mit einem anderen Menschen zu erleben, die zu einer Überwindung der Dualität und der Trennung führt und uns so Momente der Einheit, des Erkennens und der Erleuchtung schenkt.

Vielleicht haben Sie auch schon diesen Funken gespürt und erlebt, wie es sich anfühlt, wenn Sie in einem besonders schönen Moment mit einem anderen Menschen verschmelzen. Im Erleben eines gemeinsamen Orgasmus lösen sich die Grenzen des Ich und des Du und letztendlich alle Grenzen auf, und wir werden eins mit unserem Partner und der ganzen Welt.

Das ist auch die Einladung in diesem Kapitel: die Sexualität und die Triebe nicht abzulehnen, sondern auch und gerade hier den Himmel auf Erden zu erleben. Wenn wir in diesem Zusammenhang von »göttlich vögeln« sprechen, dann wird damit zum Ausdruck gebracht, dass unsere Sexualität nichts Böses, Schlechtes oder gar Teuflisches ist. Sie ist gottgewollt und verbindet in echter Geilheit Himmel und Erde miteinander und lässt uns in der hemmungslosen Ekstase erleben, wie sich Himmel und Erde auflösen und wir in ein Erleben der Grenzenlosigkeit und Einheit eintauchen.

Welche Beziehungsform entspricht Ihnen?

Ein Patentrezept für wirklich guten, göttlichen Sex gibt es nicht - aus dem einfachen Grund, weil jeder Mensch andere Bedürfnisse beim Sex hat. Möglicherweise sind für Sie Zärtlichkeit und das Gefühl der Geborgenheit Grundvoraussetzung, um beim Sex ins »Schweben« zu kommen, vielleicht kommen Sie aber auch nur bei Hemmungslosigkeit und Wildheit so richtig »in Fahrt«.

Um Erfüllung beim Sex zu erleben, sollten Sie sich auch klarmachen, welche Beziehungsform Ihrem Wesen entspricht. Wenn Sie der klassische Zweierbeziehungsmensch sind, dann trauen Sie sich auch, entsprechend zu leben. Nur weil vielleicht Ihr Umfeld und Ihre Freunde permanent fremdgehen und eine offene Beziehung als den einzig richtigen Lebensstil propagieren, heißt das noch lange nicht, dass das für Sie auch so sein muss. Wenn Sie sich eine Beziehung in sexueller Treue wünschen, dann stehen Sie dazu. Aber leben Sie diese Beziehung aus einer inneren Freiheit heraus und nicht aus einer inneren Angst, Ihren Partner ansonsten zu verlieren. Genau dann nähren und füttern Sie die Energie des Fremdgehens und nicht die Energie der Treue.

Die zwölf Sextypen

Da es verschiedene Typen gibt, die auf ganz unterschiedliche Weise Erfüllung in der Sexualität finden, will ich Ihnen im Folgenden - mit einem kleinen Augenzwinkern - zwölf Sextypen mit ihren unterschiedlichen Bedürfnissen und Ansprüchen vorstellen. Grundlage der Einteilung ist auch hier wie schon bei der Beschreibung der zwölf Beziehungstypen die westliche Astrologie. In der hier beschriebenen Reinform werden Sie diese aber nur sehr selten finden. Insofern kann die folgende Einteilung nur eine Anregung sein, um sich selbst zu erforschen. Es soll ein kleiner Denkanstoß sein, um zu klären, was einem in der Sexualität wichtig ist. Wenn wir nicht wissen, wer wir sind, und wenn wir unsere Bedürfnisse nicht kennen, woher soll es dann unser Partner wissen?

Der Schnelle

Motto: Nicht lange fackeln, lieber schnell zum Ziel.
Hier geht es schnell zur Sache. Lieber schnellen, heftigen Sex ohne Ablenkung, bevor man die Zeit mit einem Vorspiel vergeudet. Auch das Nachspiel wird lieber weggelassen.

Der Gemütliche

Motto: Lieber langsam, mit Genuss.
Hier spielt die Zeit keine Rolle. Je langsamer, desto besser. Stundenlange Vorspiele und Liebesspiele werden bevorzugt, und jeder Moment wird genussvoll erlebt und ausgekostet.

Der Erforscher

Motto: Ich will den ganzen Körper erkunden und erfassen.
Hier wird der ganze Körper erforscht. Kein Zentimeter wird ausgelassen, und es werden alle Reaktionen registriert. Hier bestimmt die Neugierde den Sex, und der Körper wird zum Objekt des Forscherdrangs.

Der Romantische

Motto: Lieber zärtlich und viel schmusen.
Hier geht ohne Kuscheln und Streicheln gar nichts. Das ausgedehnte Vorspiel ist ein Austausch von Zärtlichkeiten, und auch der Sex ist sanft und liebevoll.

Der Dramaturg

Motto: Ich bin so gut.
Dieser Typ setzt sich richtig in Szene. Er liebt die Show und geht ganz selbstverständlich davon aus, dass der Partner ihm huldigt und ihm das natürlich auch gebührend zeigt, indem er ihn bewundert für »den tollen Sex«.

Der Saubere

Motto: Nur nicht schmutzig.
Hier gibt es sauberen Sex. Lieber vorher duschen, keine Sauereien und danach wieder duschen. Es muss ordentlich sein, die zerknitterten Laken und die Bettwäsche werden gleich nach dem Sex gewechselt.

Der Verführer

Motto: Erotik ist alles.
Hier knistert es, und der Partner oder die Person der Begierde wird nach allen Regeln der Kunst verführt. Die Erotik ist greifbar und spürbar und erzeugt ein Spannungsfeld, in dem hemmungslos geflirtet wird.

Der Geil-Gierige

Motto: Lieber Lack und Leder als Blümchensex.
Hier herrscht pure Geilheit, und diese wird durch Sadomasospiele, Peitschen, Masken und Rollenspiele ausgelebt. »Normalo-Sex« ist hier tabu und wirkt als Liebeskiller.

Der Dynamische

Motto: Sexueller Genuss auch mal bei anderen Partnern.
Hier wird die Abwechslung weniger durch Variationen des Liebesspiels erreicht, sondern durch wechselnde Sexualpartner. Lieber wird fremdgegangen, und das am besten immer mit unterschiedlichen Personen. Das bringt den Kick und den Genuss.

Der Perfekte

Motto: Vorspiel – Hauptakt – Nachspiel: So wird es erwartet.
Hier läuft Sex nach klar definierten Regeln und Mustern ab, so wie es die Gesellschaft und die Moral vorgibt. Experimente sind hier absolut tabu, denn jede Störung der Routine bringt nur Unruhe und behindert den Orgasmus.

Der Außergewöhnliche

Motto: Nur nicht immer die gleichen Stellungen.
Immer die gleiche Stellung während des Liebesspiels darf es hier niemals geben. Das wäre einfach viel zu langweilig. Hier werden Positionen andauernd geändert.

Der Verträumte

Motto: Keine Grenzen und tabulos.
Hier ist alles möglich. Wozu Tabus, wozu die Lust begrenzen? Sex soll in die Grenzenlosigkeit führen und ein Gefühl der Unendlichkeit vermitteln. Und jede moralische Beschränkung ist da nur hinderlich.

Was göttlichen Sex verhindert

Trotz der sexuellen Revolution im letzten Jahrhundert herrscht in vielen Schlafzimmern Routine, Gewohnheit, Langeweile und Frustration anstelle prickelnder Erotik, Experimentierfreude, Geilheit, Ekstase und Befriedigung. Ein Grund dafür ist, dass bei vielen Menschen der Sexualtrieb weitgehend verdrängt und tabuisiert ist, sodass überhaupt kein Bezug zu sexueller Lust und animalischem, gutem Sex besteht. Sie kennen aufgrund der erlernten Tabus, Hemmungen, Glaubenssätze und gesellschaftlich vorgegebenen Normen überhaupt nicht ihre wahren Bedürfnisse und trauen sich nicht, diese zu erforschen.

Im Gegenpol fühlen sich manche Menschen völlig ihrem Trieb ausgeliefert, und sie glauben, keinen Einfluss auf ihn zu haben. Der Sexualtrieb nimmt diese Menschen völlig unkontrolliert in Beschlag, er steht permanent im Vordergrund und ist scheinbar weder beeinflussbar noch steuerbar. Sie werden von ihrer Sexualität beherrscht und sind wie unter Zwang permanent auf der Suche nach sexuellen Abenteuern und Befriedigung.

Die Genitalien sind der
Resonanzboden des Gehirns.

Arthur Schopenhauer, deutscher Philosoph (1788-1860)

Beide Varianten, sowohl die völlige Verdrängung der Sexualität als auch das ohnmächtige Ausgeliefertsein, verhindern, dass wir zu einer wirklich authentischen, tief gehenden, respektvollen und gleichzeitig ekstatischen, grenzüberwindenden, verschmelzenden Sexualität finden, die uns zutiefst befriedigt. Im ersten Fall ist es notwendig, sich mit unserer Sexualität wieder zu verbinden (siehe ab Seite 156), im zweiten Fall geht es um die Entkoppelung unserer Sexualität (siehe ab Seite 155).

Das Problem mit Hemmungen und Ängsten

Um herauszufinden, was Sie am erfüllenden Ausleben Ihres Sexualtriebs hindert, stellen Sie sich einmal die folgenden Fragen:

- Wie ist Ihre innere Einstellung zur Sexualität?
- Was haben Sie bezüglich Ihrer Sexualität für Hemmungen, Glaubenssätze und Ängste?
- Empfinden Sie Sex eher als etwas Schmutziges, Schmuddeliges?
- Lehnen Sie Sex ab?
- Ist Sex für Sie überhaupt kein Thema, weder in Gedanken noch in der Realität?

- Oder denken Sie permanent an Sex, und kreisen Ihre Gedanken ununterbrochen darum?

Viele Menschen tragen, was ihre Sexualität betrifft, einen permanenten Dauerkonflikt in sich. Sie haben einerseits einen stark ausgeprägten Sexualtrieb, würden gerne mehr Sex leben und erleben, trauen sich aber nicht, weil sie so vollgeladen sind mit Tabus, alten Glaubenssätzen, Hemmungen, Ängsten und Moralvorstellungen. Selbst beim Sexualakt kommt überhaupt kein Genuss auf, sie können sich nicht fallen lassen, nicht loslassen, sich nicht einlassen, sich nicht hingeben, und von Ekstase ist weit und breit nichts spürbar. Hier ist es unabdingbar, sich selbst zu erforschen, um die Glaubenssätze zu erkennen, seine persönlichen Tabus zu überprüfen, seine Ängste und Hemmungen zu transformieren und loszulassen.

Seien Sie mutig

Wenn Sie an Ihrem Sexualleben grundlegend etwas verbessern wollen, sollten Sie sich zunächst folgende Fragen stellen:

- Haben Sie den Mut, sich so zu zeigen, wie Sie sind – mit Ihren Bedürfnissen, mit Ihren Fantasien und Wünschen?
- Trauen Sie sich, diese zu formulieren und Ihrem Partner mitzuteilen?
- Trauen Sie sich, Ihre Hemmungen zu überwinden und das Land der echten sexuellen Ekstase zu betreten?

Falls Sie diese Fragen mit »Nein« beantwortet haben, ist es natürlich kein Wunder, wenn Sie keine erfüllende Sexualität leben. Solange wir unsere sexuelle Energie durch Hemmungen, Glaubenssätze und Tabus blockieren, kreiert unser Ego in unserem Kopf völlig falsche Erwartungen und sexuelle Fantasien, denen wir nachhängen und sie doch nicht leben. Wir kompensieren unsere inneren Blockaden mit Vorstellungen und illusionären Erwartungen. Und selbst wenn wir diese »falschen Erwartungen« ausleben, geben sie uns doch nicht die Befriedigung und Erfüllung, nach der wir uns tief in uns sehnen und die wir gerne hätten.

Wir sind also eingeladen, unsere Sexualität von all dem Ballast zu befreien und auch hier in die Selbstliebe zu gehen. Stehen Sie dazu, dass Sie ein zutiefst sexuelles Wesen sind. Das sind wir alle!

Die Hemmnisse beseitigen

Wir haben unseren Sexualtrieb sicherlich nicht mit auf die Reise bekommen, um ihn dann zu verdrängen. Erst wenn wir all das, was unsere Sexualität hemmt und blockiert, beseitigt haben, können wir ehrlich und liebevoll erforschen, wer wir als sexuelles Wesen wirklich sind, was unsere wirklichen Bedürfnisse und Wünsche sind, die wir mitgebracht haben und die gelebt werden wollen.

Wenn Sie mit den vorherigen Kapiteln intensiv gearbeitet haben, dann wissen Sie inzwischen, dass Sie auch hier wieder auf tiefe Liebe stoßen werden – Liebe zu sich selbst und zu Ihrem Partner. Diese Liebe, die auch die Sexualität mit einbezieht, führt Sie zur Fähigkeit, sich auch körperlich ganz zu öffnen, sich hinzugeben und über die Sexualität echte Ekstase zu erleben. Hier findet über den Körper ein Austausch statt, in dem sowohl das Geben als auch das Nehmen und Empfangen in völliger Hingabe stattfindet und so zu einer transzendierenden Erfahrung werden kann, die uns weit über die Grenzen von Raum und Zeit hinaus in die Unendlichkeit, Einheit und bedingungslose, alles auflösende Liebe führen kann.

Der innere Moralwächter

Aus dem inneren Bild, das wir unterbewusst und innerseelisch von unserer Sexualität und überhaupt vom Sex in uns tragen – aus unserer inneren Sexualmoral heraus –, haben wir eine künstliche Instanz in uns geschaffen, unseren inneren Moralwächter. Wie moralisch oder unmoralisch dieses Wesen in uns ist, hängt wiederum von all unseren Erfahrungen, Tabus, Glaubenssätzen und Ängsten ab. Er ist derjenige, der darüber wacht, dass sich unsere eigenen inneren Moralvorstellungen Gehör verschaffen, und er ist derjenige, der uns zunächst den Weg zu einer erfüllenden Sexualität verbaut und uns daran hindert, in das Land des »göttlichen Vögelns«, also in das Land des ekstatisch guten Sex, einzutreten.

Glaubenssätze erlösen

Viele Menschen sind in ihrer Sexualität durch unbewusste Glaubenssätze und übernommene Verhaltensmuster massiv gehemmt. Sie trauen sich nicht, überhaupt die Tür in das Land ihrer geheimen Wünsche und Fantasien zu öffnen. Tun sie es doch, kommt es zu inneren Kämpfen. Anstatt sich mit diesen Seiten zu lieben und anzunehmen, drischt der innere Moralwächter auf uns ein und erklärt uns rundheraus, dass wir abartige und verkommene Subjekte seien, und redet uns ein, dass wir keine Liebe verdient hätten, wenn wir diese Seite von uns auch nur ansatzweise zeigen.

Es versteht sich von selbst, dass es auch in der Sexualität Grenzen gibt, die sich ganz automatisch aus den vorherigen Kapiteln ergeben. Es geht auch bei der Sexualität darum, unseren Partner zu achten und zu respektieren, sich auf Augenhöhe zu begegnen und dann gemeinsam die jeweiligen Grenzen auszuloten.

Viele Menschen sehnen sich nach tief gehenden sexuellen Erfahrungen jenseits der oft praktizierten gähnenden »Rein-und-raus-Langeweile«, trauen sich aber nicht, mit ihrem Partner in andere Erfahrungswelten einzutauchen. Ein erster wichtiger Schritt ist, in Kontakt zu treten mit unserem inneren Moralwächter, der uns den Zutritt zu einer aufregenden, erfüllenden Sexualität jenseits der Tabus in uns vehement verwehrt. Es geht erst einmal darum, ihn wahrzunehmen und ihm zuzuhören.

Die Seelenreise auf der folgenden Seite hilft Ihnen dabei, mit Ihrem inneren Moralwächter in Kontakt zu treten und hemmende Glaubenssätze in Bezug auf Sex aufzuspüren und aufzulösen.

Seelenreise »Der innere Moralwächter«

Nehmen Sie sich eine halbe Stunde Zeit, in der Sie ungestört sind. Sorgen Sie für eine ruhige, entspannte Atmosphäre. Zünden Sie eine Kerze an, und wenn Sie mögen, räuchern Sie mit einer Räuchermischung, die Sie gern haben.

Setzen Sie sich nicht unter Druck und geben Sie jegliche Erwartungshaltung auf. Je weniger Sie erwarten und je unvoreingenommener Sie vorgehen, desto besser funktioniert die Übung.

Legen Sie sich bequem hin und decken Sie sich bei Bedarf zu, damit Sie nicht frieren.

Machen Sie zunächst die vorbereitenden Rituale »Der heilige Raum« (Seite 174) und »Der Schutzkreis« (Seite 176).

Atmen Sie jetzt tief ein und aus, ein und aus. Mit jedem Ausatmen sinken Sie tiefer und tiefer in den Boden. Spüren Sie, wie Sie getragen werden von Mutter Erde.

Fühlen Sie, wie die Luft durch die Nase und die Luftröhre in Ihre Lunge strömt. Nehmen Sie wahr, wie sich der Brustkorb im Rhythmus Ihres Atems hebt und senkt. Richten Sie die gesamte Aufmerksamkeit auf Ihre Atmung. Lassen Sie sich mit jedem Ausatmen tiefer und tiefer sinken.

Vielleicht tauchen im Geiste Bilder aus Ihrem Alltag auf. Halten Sie sich nicht daran fest, lassen Sie sie wie Wolken am Himmel vorüberziehen.

Und mit jedem weiteren Ausatmen sinken Sie noch tiefer in Ihre Unterlage hinein.

Richten Sie jetzt die Aufmerksamkeit ganz nach innen. Vor Ihrem inneren Auge erscheint eine Treppe mit sieben Stufen, die nach unten führt. Gehen Sie langsam darauf zu, halten Sie kurz inne und betreten Sie dann achtsam die erste Stufe – die zweite Stufe – die dritte Stufe – die vierte Stufe – die fünfte Stufe – die sechste Stufe – und die siebte Stufe.

Unten angekommen stehen Sie vor dem Tor in Ihr Unterbewusstsein und werden von Ihrem Begleiter erwartet. Gemeinsam durchschreiten Sie das Tor, und Ihr Begleiter führt Sie tief in die Landschaft Ihres Unterbewusstseins an einen Ort, an dem ein Feuer brennt. Dort wartet bereits Ihr innerer Moralwächter auf Sie. Schauen Sie ihn sich zunächst genau an und bitten Sie ihn dann zu erzählen, wie er entstanden ist, wie es ihm geht, warum er da ist, was seine genaue Aufgabe ist und welche Glaubenssätze er verteidigt. Hören Sie ihm einfach zu, was er zu sagen hat. Versuchen Sie, nicht zu urteilen und zu bewerten, sondern bleiben Sie mit Ihrer ganzen, ungeteilten Aufmerksamkeit bei ihm. Nehmen Sie sich nun einige Minuten Zeit, sich ganz auf diese Begegnung einzulassen.

Nun ist es an der Zeit, sich von Ihrem Moralwächter und dem Feuer zu verabschieden. Bedanken Sie sich für diese Begegnung und gehen Sie dann mit Ihrem Begleiter den Weg, den Sie vorhin gegangen sind, zurück zum Tor. Gemeinsam mit Ihrem Begleiter durchschreiten Sie das Tor, bedanken sich auch bei ihm und gehen dann auf die Treppe zu, die Sie vorhin hinabgestiegen sind. Nun gehen Sie die sieben Stufen langsam wieder nach oben: die siebte Stufe – die sechste Stufe – die fünfte Stufe – die vierte Stufe – die dritte Stufe – die zweite Stufe – und die erste Stufe.

Lenken Sie jetzt Ihre Aufmerksamkeit wieder zu Ihrer Atmung.

Atmen Sie tief ein und aus, und mit jedem Einatemzug kommen Sie langsam wieder zurück in Ihren Körper, ins Hier und Jetzt, in Ihre Alltagsrealität.

Spüren Sie dem gerade Erlebten noch ein wenig nach, bevor Sie sich wieder erheben, um die Botschaft des inneren Moralwächters aufzuschreiben.

Schreiben Sie direkt nach dieser Seelenreise auf, was Ihnen Ihr innerer Moralwächter mitgeteilt hat, und lassen Sie alles auf sich wirken. Fühlen Sie zunächst in sich hinein, wie es Ihnen damit geht, und beobachten Sie, was die einzelnen Wörter oder Sätze in Ihnen auslösen. Versuchen Sie, möglichst nicht zu werten, sondern einfach nur wahrzunehmen.

Wenn Sie im Anschluss die innere Bereitschaft spüren, einen, mehrere oder alle Glaubenssätze Ihres Moralwächters aufzulösen, dann machen Sie das Ritual »Das Feuer der Transformation« (ab Seite 179).

Die Entkopplung der Sexualität

Der Sexualtrieb ist wie alle Triebe ein Teil von uns, der aufgrund seiner Aufgabe, das Überleben – hier das Überleben der Menschheit – zu sichern, aus den ältesten Teilen unseres Gehirns heraus agiert und relativ unbeeinflusst wirkt. Ohne den Sexualtrieb, ohne das Bedürfnis nach »Paarung«, würde keine Art ihr Überleben sichern können. Falls Sie Ihre Sexualität als eine Last empfinden, so macht es also zunächst überhaupt keinen Sinn, die Sexualität zu bekämpfen oder sich komplett davon lösen zu wollen, denn der Sexualtrieb ist etwas völlig Natürliches, Sinnvolles und Gottgegebenes. Den Sexualtrieb in seiner grundlegenden Form in einem inneren Kampf besiegen oder auslöschen zu wollen ist zum Scheitern verurteilt.

Es geht nicht darum, den möglicherweise als belastend

empfundenen Sexualtrieb zu überwinden, sondern zu einer authentischen, tief gehenden, respektvollen und gleichzeitig ekstatischen, grenzüberwindenden, verschmelzenden Sexualität zu finden. Dafür ist es zunächst einmal notwendig, die Sexualität zu entkoppeln. Dazu verwenden Sie das weiter unten beschriebene Ritual »Die liegende Acht« (Seite 157). Als Begriffspaar können Sie beispielsweise verwenden: zu viel Bindung an die sexuelle Energie – innere Freiheit bezüglich der sexuellen Energie.

Die Wiederverbindung mit der Sexualität

Haben Sie überhaupt keinen Bezug zu Ihrer Sexualität, dann ist diese Energie auf andere Ebenen abgerutscht oder blockiert, was sehr oft etwas mit negativen Erfahrungen auch aus der Kindheit, mit unterbewusst wirkenden Glaubenssätzen und verzerrten Frauen- und Männerbildern zu tun hat. Auch eigene negative sexuelle Erfahrungen oder (manchmal aus früheren Leben mitgebrachte) traumatische Erlebnisse wirken sich oft negativ aus.

Haben Sie sich bewusst oder unterbewusst völlig abgespalten von Ihrer Sexualität, dann geht es darum, die Stellen zu finden, an denen diese Abspaltung stattgefunden hat, sie, wenn notwendig, in Heilung und Frieden zu bringen und dann eine Wiederverbindung des sexuellen Energieflusses herzustellen. Auch hierzu verwenden Sie das Ritual »Die liegende Acht«. Als Begriffspaar können Sie beispielsweise verwenden: zu wenig Bindung an die sexuelle Energie – innere Freiheit bezüglich der sexuellen Energie.

Ritual »Die liegende Acht«

Mit dem Ritual der liegenden Acht haben wir eine einfache Möglichkeit, die Energie aus den negativen Beziehungsmustern und unerwünschten Zuständen herauszunehmen und unserem Ziel, dem gewünschten Zustand die jetzt frei werdende Energie zuzuführen. Wollen wir wirklich etwas an unseren Beziehungen und unserer Liebesfähigkeit verändern, ist gerade das besonders wichtig.

Der Hauptgrund, warum wir unsere Vorsätze und Ziele nicht umsetzen oder mit der Umsetzung nicht weiterkommen beziehungsweise wieder aufhören, liegt in der Organisation und Strukturierung unseres Gehirns. Alte Gewohnheiten und Muster haben tiefe, eingefahrene Verschaltungen in unserem Gehirn angelegt. Auf diese greifen wir ganz automatisch zurück. Unser System kennt diese neuronalen Landkarten, und es erfordert wesentlich weniger Energie und Aufwand, diese zu aktivieren, als neue Muster im Gehirn anzulegen und zu verfestigen.

Wollen wir mit alten Gewohnheiten aufhören und etwas Neues starten, so beginnt zunächst ein innerer Kampf. Unser Unterbewusstsein greift ganz automatisch auf die angelegten, bekannten Strukturen zurück und aktiviert diese. Deren Energie prallt auf die Absicht unseres Bewusstseins und unseres Willens, etwas zu verändern oder etwas Neues zu beginnen.

Um neue Strukturen in unserem Gehirn anzulegen und alte Muster zu minimieren, benötigen wir mindestens 28 Tage. Erst dann sind die neuen neuronalen Landkarten stabil genug, um die alten, überkommenen Muster wirklich loslassen und ersetzen zu können.

In dieser Zeit sind also Konzentration, Kraft, Wille und Durchhaltevermögen notwendig, unsere ganze Energie sollte in diesen vier Wochen auf die Neustrukturierung ausgerichtet sein.

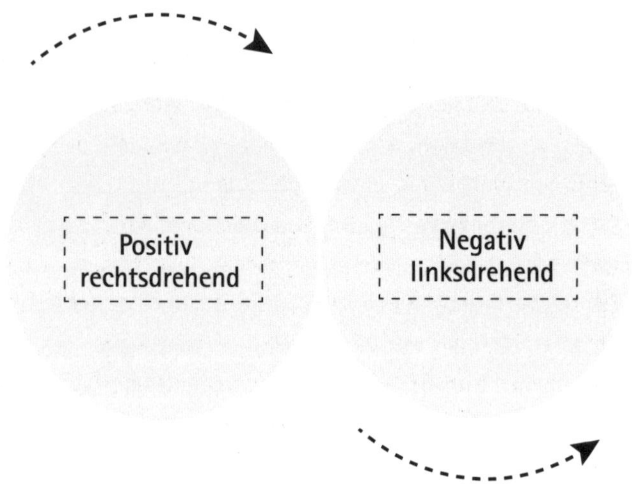

Beim Ritual der liegenden Acht brauchen Sie ein Blatt Papier, auf das Sie wie im Bild zwei Kreise malen, die sich in der Mitte berühren. Der rechte Kreis steht symbolisch für das negative Muster beziehungsweise für das, was Sie loslassen wollen. Der linke Kreis steht symbolisch für das Gegenteil, also für das positive Muster beziehungsweise den Zustand, den Sie stattdessen gerne hätten. Das Thema, um das es geht, wird mit zwei einfachen, meist gegenteiligen Sätzen, am besten mit nur zwei Begriffen festgelegt. Beispiele hierfür können sein: nein – ja, langweilige Beziehung – aufregende Beziehung, unglücklich – glücklich, ohnmächtig – mächtig, Hass – Liebe. Schreiben Sie sich Ihre Begriffe oder kurzen Sätze in den jeweiligen Kreis.

Ritual »Negative Muster loslassen und neuen Mustern Energie und Kraft geben«

Nehmen Sie sich eine halbe Stunde Zeit, in der Sie ungestört sind. Sorgen Sie für eine ruhige, entspannte Atmosphäre. Zünden Sie eine Kerze an, und wenn Sie mögen, räuchern Sie mit einer Räuchermischung, die Sie gern haben.

Setzen Sie sich nicht unter Druck und geben Sie jegliche Erwartungshaltung auf. Je weniger Sie erwarten und je unvoreingenommener Sie vorgehen, desto besser funktioniert die Übung.

Machen Sie zunächst die vorbereitenden Rituale »Der heilige Raum« (Seite 174) und »Der Schutzkreis« (Seite 176).

Gehen Sie dann zunächst mit Ihrer Aufmerksamkeit zu Ihrer Atmung und atmen Sie tief ein und aus. Nehmen Sie wahr, wie sich Ihr Brustkorb im Rhythmus Ihres Atems hebt und senkt und wie die Luft durch die Nase und die Luftröhre in Ihre Lunge strömt.

Vielleicht tauchen im Geiste Bilder aus Ihrem Alltag auf. Halten Sie sich nicht daran fest, lassen Sie sie wie Wolken am Himmel vorüberziehen.

Nun wenden Sie sich mit Ihrer Aufmerksamkeit nach unten zu Ihren Fußsohlen. Gehen Sie mit jedem Ausatmen mehr in Kontakt mit dem Boden unter Ihren Fußsohlen und spüren Sie, wie Sie getragen werden von Mutter Erde. Stellen Sie sich dann vor, dass aus Ihren Fußsohlen Wurzeln wachsen, die Sie immer tiefer und fester mit Mutter Erde verbinden.

Nehmen Sie nun Ihre liegende Acht und streichen Sie mit einem Zeigefinger entlang dem negativen Kreis einmal komplett entlang der Kreislinie bis zum Berührungspunkt, durchwandern Sie diesen und ziehen Sie dann sieben Mal den positiven Kreis nach. Sie hören dann an der Stelle auf, die am weitesten vom Berührungspunkt entfernt ist. Hier klopfen Sie sieben Mal sanft auf diesen Punkt und atmen dabei tief ein. Stellen Sie sich dabei vor, dass sich der gewünschte Zustand mit Ihrer Einatmung in Ihrem Körper ausbreitet und sich in Ihnen manifestiert.

Atmen Sie zum Schluss nochmals tief ein, bedanken Sie sich bei Ihnen selbst, Ihrer inneren Weisheit und bei der Kraft der liegenden Acht und beenden Sie dann Ihr Ritual.

Um den neuen Zustand zu verfestigen, ist es sinnvoll, dieses Ritual mindestens 28 Tage täglich einmal durchzuführen. So lenken Sie Ihre Energie zu dem, was Sie erreichen wollen, und nehmen sie aus Ihren alten, überkommenen Mustern und Verhaltensweisen heraus. Im Adressenverzeichnis (siehe Seite 188) finden Sie einen 30-tägigen Online-Kurs, der Sie hierbei unterstützen kann.

Zeigen Sie sich völlig nackt – nicht nur Ihren Körper

Nun haben wir unsere Ängste, Tabus, Glaubenssätze und falschen Moralvorstellungen in Bezug auf unsere Sexualität so weit überwunden und über die Entkopplung und Wiederverbindung in einen ausgeglichenen energetischen Zustand gebracht. Das sind die Voraussetzungen für die weiteren Schritte, um ekstatische Zustände in der Sexualität zu erleben.

Im nächsten Schritt fordert uns das Leben auf, all unsere

Hüllen fallen zu lassen – sowohl die äußeren als auch die inneren – und zu dem zu stehen, was wir sind.

Wenn wir es recht überdenken,
so stecken wir doch alle nackt in unseren Kleidern.

Heinrich Heine, deutscher Dichter (1797–1856)

Verletzlichkeit ist eine Stärke

Wenn wir uns nackt zeigen, verlassen wir all unsere Schutzbunker und setzen uns der Gefahr aus, abgelehnt, belächelt oder zurückgewiesen zu werden. Und davor hat unser Ego panische Angst. Für das Ego, das immer nur nach Anerkennung giert, gibt es nichts Schlimmeres als Ablehnung und die daraus resultierende Verletzung und den Schmerz, der sich daraus ergibt. Deshalb redet es uns ständig ein, dass es sinnvoller und sicherer ist, sich hinter Masken und Rollen zu verstecken und nicht sein wahres Ich zu zeigen.

Beim Sex geht es darum, seine geheimen Wünsche, Sehnsüchte und Fantasien, aber auch seine persönlichen Grenzen zu äußern und nicht zuzulassen, dass der Partner einfach darüber hinwegtrampelt. Wenn wir uns selbst dafür verurteilen, ablehnen oder kleinmachen, nur weil wir Wünsche, Sehnsüchte und Fantasien in uns tragen, dann lehnen wir uns selbst ab, sind nicht in der Selbstliebe, verschließen uns der Öffnung und der Hingabe und schneiden uns von der Möglichkeit ab, Ekstase zu erleben.

Genauso wichtig ist es natürlich, seinen Partner nicht für dessen Wünsche, Sehnsüchte und Fantasien zu verurteilen, sollte er den Mut haben, sie zu äußern und sich so vor uns völlig nackt zu zeigen. Jeder hat seine eigenen Grenzen, und diese zu achten und zu respektieren ist Grundlage jeder echten, authentischen Begegnung, nicht nur beim Sex.

Es erfordert von beiden Partnern ein besonders hohes Maß an Sensibilität und Aufmerksamkeit, aufeinander aufzupassen, wenn sie beginnen, sich jenseits ihrer bisherigen äußeren und inneren Verhüllungen zu zeigen. Eine wesentliche Voraussetzung hierfür ist, sich gegenseitig zu vertrauen und eine echte Hingabefähigkeit entwickelt zu haben.

Wann ein Therapeut hilfreich ist

Wenn Sie Fantasien in sich tragen sollten, die Grenzen von anderen missachten oder in denen Sie Menschen benutzen, um sich über deren Demütigung groß und mächtig zu fühlen, dann verurteilen Sie sich nicht. Arbeiten Sie mit Ihrem Selbstwert, mit Ihrer Selbstliebe, mit der Fähigkeit zu echter Öffnung und Nächstenliebe und mit der Fähigkeit zur Hingabe. Suchen Sie sich einen fähigen Therapeuten, der Ihnen dabei hilft, auf Augenhöhe mit anderen Menschen respektvoll umzugehen.

Sex ohne Herz

Natürlich können wir auch Sex ohne Hingabe, ohne Vertrauen, ohne all die hier beschriebenen Eigenschaften haben. Wir können auch mit jemand Wildfremdem vögeln. Dann müssen wir uns innerlich überhaupt nicht zeigen und uns nicht der Gefahr echter Nacktheit aussetzen. Wir müssen keinen echten Mut entwickeln und nicht zu uns selbst und unseren Bedürfnissen stehen. Wir können alles in uns weiter verschlossen halten. Vielleicht haben wir guten Sex und wähnen uns im Land der sexuellen Ekstase, aber wir sind nur im Land der Geilheit ohne Herz gelandet. Wenn Sie für sich die Entscheidung treffen, dass Ihnen das genügt, ist das völlig in Ordnung. Aber dann hätten Sie wahrscheinlich dieses Buch nicht bis hierhin gelesen. Es liegt an Ihnen: Sex, bei dem das Herz offen ist, also in der Liebe und der Hingabe, oder Sex ohne Herz und ohne Hingabe.

So finden Sie den Schlüssel

Um zu lernen, sich wirklich »nackt« zeigen zu können, sowohl sich selbst als auch dem Partner, sowohl körperlich als auch seelisch, sollten Sie sehr bewusst folgende Übung durchführen.

»Völlig nackt mit sich selbst«

Betrachten Sie sich doch einmal völlig nackt in einem großen Spiegel, in dem Sie sich ganz sehen können. Wie geht es Ihnen dabei?

- Schauen Sie sofort auf Ihre vermeintlichen Schwachpunkte oder »Problemzonen«?
- Erhebt sich in Ihnen sofort die innere Stimme, die Ihnen einredet, was Sie alles verändern müssten, wie hässlich Sie doch sind ...?
- Haben Sie ein Problem damit, sich selbst zu betrachten?
- Oder erfreuen Sie sich an Ihrem eigenen Anblick?

- Empfinden Sie Wärme und Liebe für den Menschen, den Sie sehen?
- Können Sie sich liebevoll so nehmen, wie Sie sich gerade sehen?

Nun berühren Sie sich selbst und schauen Sie sich dabei zu.

- Empfinden Sie dabei Liebe zu sich selbst?
- Empfinden Sie Lust und Freude?
- Oder schreit Ihr innerer Moralwächter auf?
- Haben Sie Probleme, sich selbst zu berühren?

Trauen Sie sich ruhig, Ihre Grenzen auszuloten. Trauen Sie sich, liebevoll sich selbst zu berühren, sich selbst zu streicheln, auch Ihre Geschlechtsteile zu verwöhnen. Erkunden Sie sich selbst und schauen Sie sich im Spiegel dabei zu. Erkunden Sie, was Ihnen Spaß macht, welche Berührungen Sie besonders gerne mögen, was Sie anmacht, was Sie geil macht.

Woher soll Ihr Partner wissen, was Sie mögen und wie Sie sich berühren lassen möchten, wenn Sie es selbst nicht wissen? Woher soll Ihr Partner wissen, wie Sie zu einem Orgasmus kommen, wenn Sie es selbst nicht wissen?

Hier schließt sich der Kreis des Medizinrades der Liebe, und wir sind wieder beim Thema Selbstliebe angekommen, diesmal auf der körperlichen Ebene. Sich selbst körperlich zu lieben, anzunehmen, sich selbst zu verwöhnen und sich selbst zu befriedigen, was ist daran verkehrt?

Wenn Sie mit dieser Übung an Ihre Grenzen stoßen und sich alles in Ihnen wehrt, wenn Ihr Moralwächter empört Amok läuft, dann wissen Sie, dass es noch etwas zu tun gibt.

Schreiben Sie unabhängig davon den folgenden Brief.

»Der Liebesbrief an Ihre Sexualität«

Für diese Übung brauchen Sie Zettel und Stift. Nehmen Sie sich eine halbe Stunde Zeit, in der Sie ungestört sind. Sorgen Sie für eine ruhige, entspannte Atmosphäre. Zünden Sie eine Kerze an, und wenn Sie mögen, räuchern Sie mit einer Räuchermischung, die Sie gern haben.

Setzen Sie sich nicht unter Druck und geben Sie jegliche Erwartungshaltung auf. Je weniger Sie erwarten und je unvoreingenommener Sie vorgehen, desto besser funktioniert die Übung.

Machen Sie zunächst die vorbereitenden Rituale »Der heilige Raum« (Seite 174) und »Der Schutzkreis« (Seite 176).

Schreiben Sie jetzt einfach einen Liebesbrief an Ihre Sexualität. Denken Sie beim Schreiben nicht groß nach und machen Sie Ihre Sexualität nicht klein. Fangen Sie nicht zu grübeln an, sondern verbinden Sie Ihr Kopfhirn, Bauchhirn und Herzhirn und gehen Sie in Ihr Herz. Verbinden Sie sich mit der Liebe, atmen Sie diese nach draußen, und von dieser Position aus schreiben Sie. Es ist nicht wichtig, wie lang oder kurz Ihr Brief wird. Wichtig ist nur, dass er aus der Liebe kommt. Ein einziger Satz aus tiefstem Herzen: »Ich liebe meine Sexualität und mich als sexuelles Wesen« ist wesentlich besser als ein Roman, in dem Sie sich nur selbst betrügen.

Wenn Sie fertig sind, lesen Sie den Brief noch einmal durch. Bewahren Sie ihn wie einen kostbaren Schatz auf und nehmen Sie ihn immer wieder zur Hand, lesen Sie ihn und erfreuen Sie sich an Ihrer Liebeserklärung an Ihre Sexualität.

Das Tor zur Ekstase

Fassen wir zusammen:
In diesem Quadranten des Medizinrades der Liebe geht es darum, alle Begrenzungen über Bord zu werfen und aufzulösen und das Land der Ekstase zu betreten. Dies tun wir in der sexuellen Verschmelzung mit unserem Partner. Wir lösen Schuld- und Schamgefühle auf und bringen unseren inneren Moralwächter zum Schweigen. Wir trauen uns, uns wirklich nackt zu zeigen, unsere Wünsche, Sehnsüchte und Fantasien zu äußern und auch zu unseren Grenzen klar zu stehen. In der Liebe zu uns selbst schließt sich letztendlich der Kreis, und wir sind wieder in der Selbstliebe.

Wenn Sie den Weg konsequent gegangen sind, dann steht dem Eintritt in das Land der Ekstase und wirklich gutem Sex nichts mehr im Wege, und Sie sind in der Lage, »mit dem Herzen göttlich zu vögeln«.

Mit allen Erkenntnissen, Problemen und Hindernissen, die Ihnen in diesem Kapitel begegnet sind, können Sie mit den im Kapitel »Rituale« beschriebenen Ritualen (ab Seite 169) weiterarbeiten.

Brauchen Sie zu einer Frage oder einem Problem eine tief gehende Erkenntnis oder eine andere Sichtweise, so machen Sie das Ritual Nr. 1 »Die Vision des Herzens« (ab Seite 177).

Wollen Sie etwas loslassen und transformieren, so führen Sie das Ritual Nr. 2 aus »Das Feuer der Transformation« (ab Seite 179).

Wollen Sie etwas hierher auf die Erde bringen, verwurzeln

und mit Energie verbinden, so machen Sie das Ritual Nr. 3 »Die Erd- und Sonnenatmung« (ab Seite 180).

Mit der gleichnamigen Begleit-CD zum Buch, die ebenfalls im Arkana-Verlag erschienen ist, können Sie noch tiefer in die Thematik einsteigen.

Rituale

Die Kraft der Rituale

Damit die Übungen in diesem Buch besser wirken, ist es sinnvoll, davor ein Ritual durchzuführen. Ein Ritual ist eine nach bestimmten festgelegten Regeln und Handlungsabläufen durchgeführte Zeremonie und verfolgt eine bestimmte Absicht. Man ist mit allen Sinnen dabei und handelt im Hier und Jetzt.

Fast alle religiösen Feste und Stammesfeiern laufen nach rituellen Regeln ab. So ist auch der sonntägliche Gottesdienst ein christliches Ritual, das einem vorgegebenen Muster folgt und dieses ständig wiederholt. Auch im Alltag verwenden wir oft Rituale, nur fehlt hier das nötige Bewusstsein. So ist der bei vielen Menschen immer nach dem genau gleichen Schema ablaufende Morgen vom Aufstehen bis zum Zeitpunkt des Verlassens der Wohnung im Prinzip ein unbewusstes Ritual.

Rituale entwickeln bei richtiger Durchführung eine enorme Kraft und ermöglichen notwendige Veränderungen. Wichtig ist die Durchführung im »Hier und Jetzt«. Sind wir in Gedanken ganz woanders oder denken wir gerade über die Vergangenheit oder Zukunft nach, dann sind wir nicht richtig bei der Sache, und das Ritual kann keine wirkliche Kraft zur Veränderung bewirken. Das sollte eigentlich eine Selbstverständlichkeit nicht nur bei Ritualen sein, sondern bei allem, was wir tun. Wir sind gerade bei Begegnungen mit anderen Menschen viel zu oft gar nicht wirklich anwesend, nicht wirklich präsent, nicht wirklich offen für das Wunder des Augenblicks, für diesen einen magischen Moment, den wir Gegenwart nennen und den wir nur so selten wirklich wahrnehmen.

Die folgende Übung hilft Ihnen, ganz im »Hier und Jetzt« anzukommen.

»Im Hier und Jetzt sein«

Nehmen Sie sich eine halbe Stunde Zeit und suchen Sie sich einen Platz, an dem Sie ungestört sind. Sorgen Sie für eine ruhige, entspannte Atmosphäre. Zünden Sie eine Kerze an, und wenn Sie mögen, räuchern Sie mit einer Räuchermischung, die Sie gern haben.

Setzen Sie sich nicht unter Druck und geben Sie jegliche Erwartungshaltung auf. Je weniger Sie erwarten und je unvoreingenommener Sie vorgehen, desto besser funktioniert die Übung.

Machen Sie es sich bequem und richten Sie Ihre Aufmerksamkeit zuerst auf Ihren Atem. Beobachten Sie den steten Rhythmus des Ein- und Ausatmens und lenken Sie dann Ihre Aufmerksamkeit zu Ihren Gedanken. Versuchen Sie jetzt, ohne sich unter Druck zu setzen, Ihre Gedanken zu beobachten.

Schauen Sie ihnen einfach zu oder lauschen Sie der ständig in Ihrem Kopf plappernden Stimme. Versuchen Sie einfach nur, die Gedankengänge zu beobachten.

Sie werden merken, dass sich praktisch alles, was Sie da denken, nicht um den jetzigen Moment dreht, sondern um Ereignisse kreist, die bereits vorbei sind, oder Sie denken über etwas nach, was geschehen könnte oder was Sie geplant haben.

Lenken Sie dann Ihre Aufmerksamkeit in Ihren Körper und lauschen Sie in ihn hinein. Beobachten Sie den Atem, spüren Sie die Unterlage, auf der Sie sitzen oder liegen, spüren Sie in Ihren Körper. Schauen Sie einfach, ob Sie das »Hier und Jetzt« – diese ständige Abfolge des Seins in der Gegenwart – spüren können. Normalerweise werden Sie schnell von Ihren Gedanken abgelenkt und merken oft gar nicht, dass Sie nicht mehr in diesem Augenblick sind. Gehen Sie dann einfach wieder mit Ihrer Aufmerksamkeit zurück zu Ihrer Wahrnehmung des Augenblicks. Bleiben Sie mindestens 15 Minuten bei dieser Übung.

Kehren Sie dann über einige tiefe Einatemzüge langsam wieder in Ihre normale Wahrnehmung zurück.

Gerade die Präsenz in der Unendlichkeit des Augenblicks spielt bei einem bewusst durchgeführten Ritual eine wesentliche Rolle. Die spirituellen Lehrer dieser Welt sagen, dass das eigentliche Leben nur im Gewahrsein und Verweilen im Moment möglich ist, wir uns aber normalerweise in einem traumähnlichen Zustand befinden, der uns in der Vergangenheit oder Zukunft festhält. Erst das Erwachen und Verweilen im Augenblick lässt uns wirklich das Leben in seiner Einzigartigkeit spüren und erleben.

Das Handeln ist wichtig

Wollen wir in unserem Leben wirklich etwas verändern, dann helfen die besten Zukunftspläne nicht weiter, wenn wir nicht den ersten Schritt im Hier und Jetzt gehen. Das ewige Kreisen um die Ereignisse der Vergangenheit bringt uns auch nichts, sondern bindet uns mit seiner Energie an unsere alten Traumata, Verletzungen, nicht genutzte Chancen oder längst vergangene schöne Erlebnisse, an denen wir festhalten wollen und die doch schon längst vorüber sind. Zeit, das Alles loszulassen!

Durch ein Ritual handeln wir im Hier und Jetzt. Es entfaltet dann seine Kraft, wenn wir es mit allen Ebenen unseres Seins bewusst durchführen:

- Der Verstand legt den Ablauf und den Rahmen fest.
- Das Herz verbindet das Ritual mit der Liebe.
- Der Geist verbindet das Ritual mit der jeweiligen Absicht.
- Der Körper führt das Ritual aus.

Vorbereitung eines Rituals

Sorgen Sie dafür, dass Sie für die Dauer des Rituals ungestört sind. Zünden Sie eine Kerze an, und räuchern Sie mit einer Räuchermischung, die Sie gerne mögen oder die zum jeweiligen Thema passt (Bezugsquellen Seite 188).

Machen Sie es sich bequem, am besten legen Sie sich auf eine Matte auf den Boden. Falls Sie leicht frieren, decken Sie sich mit einer Decke zu. Sorgen Sie für sich! Richten Sie Ihre Aufmerksamkeit nun auf Ihre Atmung und atmen Sie tief ein und aus.

Vor allen Übungen und Ritualen in diesem Buch sollten Sie immer zunächst die folgenden zwei »Vorbereitungsrituale« durchführen. Sie helfen Ihnen,

- ganz im »Hier und Jetzt« zu sein,
- aus Ihrer Mitte heraus zu agieren,
- mit Ihrem Herzen verbunden zu sein,
- mit allen unterstützenden spirituellen Kräften verbunden zu sein,
- ein heilendes Feld aufzubauen,
- einen geschützten Rahmen für Ihr Ritual zu haben.

Der heilige Raum

Heilung und Veränderung finden immer in einem Bereich der Realität statt, der jenseits von unserem normalen Raum-Zeit-Gefüge liegt. Dieser sogenannte »heilige Raum« ist wie eine Blase, die mit der räumlichen und zeitlichen Unendlichkeit verbunden ist.

Dieser Raum ist deshalb so wichtig, weil wir nur hier das Energiefeld der Seele erreichen können. Gleichzeitig wird verhindert, dass eventuell auftauchende belastende Situationen, Erinnerungen, Traumata und Stresssituationen mit ins Hier und Jetzt genommen werden.

Vorbereitungsritual »Den heiligen Raum öffnen«

Lesen Sie sich den folgenden Text immer in Ruhe durch:

- Ich wende mich mit meiner Aufmerksamkeit und meinem Atem nach unten und bitte die Heilkräfte von Mutter Erde, die den weiblichen Pol heilt, sich mit mir und mit meinem Energiefeld zu verbinden. (Stellen Sie über tiefe Atemzüge die Verbindung her.)
- Ich wende mich mit meiner Aufmerksamkeit und meinem Atem nach oben und bitte die Heilkräfte von Vater Sonne, die den männlichen Pol heilt, sich mit mir und mit meinem Energiefeld zu verbinden. (Stellen Sie über tiefe Atemzüge die Verbindung her.)
- Ich wende mich mit meiner Aufmerksamkeit und meinem Atem nach Süden und bitte die Heilkräfte des Südens, die die Wunden der Vergangenheit heilen, sich mit mir und mit meinem Energiefeld zu verbinden. (Stellen Sie über tiefe Atemzüge die Verbindung her.)
- Ich wende mich mit meiner Aufmerksamkeit und meinem Atem nach Westen und bitte die Heilkräfte des Westens, die die Angst vor der Zukunft und vor dem Tod heilen, sich mit mir und mit meinem Energiefeld zu verbinden. (Stellen Sie über tiefe Atemzüge die Verbindung her.)
- Ich wende mich mit meiner Aufmerksamkeit und meinem Atem nach Norden und bitte die Heilkräfte des Nordens, die alle Blockaden im Familiensystem und im System der Herkunftsfamilie und der Ahnen heilen, sich mit mir und mit meinem Energiefeld zu verbinden. (Stellen Sie über tiefe Atemzüge die Verbindung her.)

- Ich wende mich mit meiner Aufmerksamkeit und meinem Atem nach Osten und bitte die Heilkräfte des Ostens, die in die Klarheit der Vision und der Lebensaufgabe führen, sich mit mir und mit meinem Energiefeld zu verbinden. (Stellen Sie über tiefe Atemzüge die Verbindung her.)
- Nun wende ich mich mit meiner Aufmerksamkeit, getragen durch meinen Atem, nach innen zu meinem Herzzentrum und stelle mir ein Kreuz vor, dessen vier Achsen durch die vier Elemente Feuer – Erde – Wasser – Luft gebildet werden.
- Ich wende mich mit meiner Aufmerksamkeit und meinem Atem nach hinten zum Element Feuer und bitte die Heilkräfte des Feuers, sich mit mir und meinem Herzen zu verbinden. (Stellen Sie über tiefe Atemzüge die Verbindung her.)
- Ich wende mich mit meiner Aufmerksamkeit und meinem Atem nach vorne zum Element Erde und bitte die Heilkräfte der Erde, sich mit mir und meinem Herzen zu verbinden. (Stellen Sie über tiefe Atemzüge die Verbindung her.)
- Ich wende mich mit meiner Aufmerksamkeit und meinem Atem nach links zum Element Wasser und bitte die Heilkräfte des Wassers, sich mit mir und meinem Herzen zu verbinden. (Stellen Sie über tiefe Atemzüge die Verbindung her.)
- Ich wende mich mit meiner Aufmerksamkeit und meinem Atem nach rechts zum Element Luft und bitte die Heilkräfte der Luft, sich mit mir und meinem Herzen zu verbinden. (Stellen Sie über tiefe Atemzüge die Verbindung her.)
- Nun bin ich in meiner Mitte in meinem heiligen Raum und bitte alle Heilkräfte und spirituellen Kräfte, die mein Ritual unterstützen wollen, um ihre Hilfe und um ihren Schutz.

Der Schutzkreis

Um ungestört und unbeeinflusst ein Ritual abhalten zu können, ist es nötig, einen spirituellen Schutzkreis zu errichten. Im Schamanismus verwenden wir hierzu den Brennnesseldeva, also die »Seelenenergie« der Brennnessel.

Gehen Sie dazu in einen Zustand der Entspannung und stellen Sie sich vor Ihrem inneren Auge eine Brennnessel vor. Bitten Sie die Seelenenergie der Pflanze, sie möge einen Schutzkreis um Sie herum errichten (z. B.: »Ich bitte die Brennnessel um Unterstützung und Schutz für dieses Ritual«).

Sinnvoll mit den Ritualen arbeiten

In diesem Buch wenden wir immer wieder drei Rituale an, um Veränderungsprozesse zu begleiten, zu verstärken und zu verankern.

- **Die Vision des Herzens**
  Damit suchen und verbinden wir uns mit dem, was wir aus tiefstem Herzen wirklich wollen.
- **Das Feuer der Transformation**
  Damit geben wir das Alte, Überkommene ab und befreien die darin gebundene Energie.
- **Die Erd- und Sonnenatmung**
  Damit verankern und verwurzeln wir den Wunsch oder erwünschten Zustand und bringen ihn hierher auf die Erde, damit aus einer Idee Realität werden kann.

Im Folgenden finden Sie die Texte, Beschreibungen und Abläufe der einzelnen Rituale. Ich lade Sie ein, sich zunächst mit jedem einzelnen Ritual vertraut zu machen und anhand der Beispiele im Text auszuprobieren und zu üben. Es ist dabei nicht wichtig, dass Sie alles wortwörtlich nachvollziehen. Entscheidend sind Ihre klare Absicht, Ihr Wunsch, Ihre Bereitschaft und Ihr Wille zur Veränderung. Sie müssen die Veränderung wirklich wollen, Sie müssen selbst zu der Veränderung werden, die Sie sich wünschen, ansonsten passiert nichts, und alles bleibt so, wie es ist.

Ritual 1: »Die Vision des Herzens«

Wissen Sie, was Ihnen wirklich guttut? Gibt es Dinge, die Sie sich »aus tiefstem Herzen« wünschen? Haben Sie Visionen und Ziele? Folgen Sie bei wichtigen Entscheidungen Ihrem »Herzen«?

Falls Sie damit Probleme haben, hilft es, sich auf eine innere Visionssuche in sein Herz zu begeben und dort zu lauschen, um zunächst einmal herauszufinden und zu erspüren, was unsere Herzensabsicht ist. So ersparen wir uns manche Irrwege und Umwege, weil wir wissen, wo wir hinwollen und hinsollen, anstatt weiter planlos durch unsere Beziehungen zu stolpern.

Ritual »Die Vision des Herzens«

Schließen Sie die Augen und atmen Sie erst einmal tief ein und aus. Beobachten Sie einfach den Rhythmus des Atems, ohne ihn willentlich zu beeinflussen. Lassen Sie alles da sein, was gerade ist, auch die Gedanken, Gefühle und Empfindungen, die Sie gerade haben. Halten Sie sich nur nicht daran fest, sondern bleiben Sie bei Ihrer Atmung.

Nun wenden Sie sich mit Ihrer Aufmerksamkeit nach innen zu Ihrem Herzen. Atmen Sie zunächst dorthin, spüren Sie in diese Körperregion und beobachten Sie einfach Ihr Herz, wie es beständig schlägt und das Blut durch Ihren Körper pumpt.

Machen Sie sich bewusst, dass Ihr Herz gleichzeitig der Ort ist, der Sie mit der Fähigkeit zur Liebe verbindet, mit der Fähigkeit zur Selbstliebe, zur Nächstenliebe und mit der bedingungslosen Liebe, die dieses Universum erschaffen hat.

Bleiben Sie eine Weile mit Ihrer Aufmerksamkeit und Ihrer Atmung dort.

Nun lauschen Sie einfach in sich hinein und bitten um ein Bild, eine Idee, eine Vorstellung oder Ahnung davon, was Sie aus tiefstem Herzen wirklich möchten, worin Ihre Herzensabsicht besteht, was Ihre persönliche Vision ist. Bleiben Sie eine Weile dabei, bis sich ein Gefühl von Frieden und Klarheit einstellt.

Atmen Sie dann tief ein, bedanken Sie sich bei sich selbst, Ihrem Herzen, Ihrer Intuition und Ihrer inneren Weisheit und beenden Sie dann Ihr Ritual.

Ritual 2: »Das Feuer der Transformation«

Das folgende Ritual unterstützt Sie dabei, alles Alte, Überkommene endgültig loszulassen. Dazu benötigen Sie das Feuer der Transformation. Das ist ein archetypischer Ort in unserer Seele und unserem Unterbewusstsein, der uns dabei hilft, Altes und Überkommenes so weit zu transformieren, dass die darin gebundene Energie wieder frei wird und zur Verfügung steht. Voraussetzung ist die Bereitschaft, wirklich loszulassen.

Ritual »Das Feuer der Transformation«

Schließen Sie die Augen und atmen Sie erst einmal tief ein und aus. Beobachten Sie einfach den Rhythmus des Atems, ohne ihn willentlich zu beeinflussen. Lassen Sie alles da sein, was gerade ist, auch die Gedanken, Gefühle und Empfindungen, die Sie gerade haben. Halten Sie sich nur nicht daran fest, sondern bleiben Sie bei Ihrer Atmung.

Stellen Sie sich dann vor Ihrem geistigen Auge ein Feuer vor, das mit lila Flammen ruhig brennt – Ihr inneres Feuer der Transformation. Gehen Sie in Ihrer Vorstellung darauf zu und nehmen Sie ganz bewusst die Kraft der lila Flammen wahr, die Sie dabei unterstützen, Altes, Überkommenes und Blockierendes wieder in reine, unterstützende, kraftvolle Energie zu transformieren.

Denken Sie nun an etwas, was Sie loslassen wollen. Stellen Sie sich vor, dass Sie innerlich das Thema auf einen Zettel schreiben, und übergeben Sie dann in Ihrer Vorstellung den Zettel mit dem Wunsch, der Bitte und dem Bewusstsein, es möge sich in Freiheit verabschieden dürfen und die gebundene Energie für Sie freigeben, den Flammen. Schauen Sie einfach zu, wie der Zettel verbrennt, und seien Sie sich bewusst, dass jetzt Energie freigesetzt wird, die bisher gebunden war.

Wenn Sie räuchern, dann halten Sie gleichzeitig Ihre Hände über den Rauch der Räuchermischung und geben symbolisch alles, was Sie loslassen wollen, über Ihre Hände in den Rauch der Räuchermischung und bitten darum, dass sich all das in eine Quelle der Kraft und Stärke für Sie transformiert.

Bleiben Sie so lange mit Ihrer Aufmerksamkeit dabei, bis Sie das Gefühl haben, für den jetzigen Moment mit Ihrem Thema fertig zu sein.

Atmen Sie zum Schluss wieder tief ein, bedanken Sie sich bei Ihrem Feuer der Transformation und stellen Sie sich ganz bewusst vor, dass Sie nun innerlich frei sind und die gebundene Energie wieder in ihrer Kraft und Stärke fließt. Beenden Sie dann Ihr Ritual.

Ritual 3: »Die Erd- und Sonnenatmung«

Die besten Erkenntnisse helfen Ihnen nichts, wenn Sie daraus keine Konsequenzen ziehen, wenn Sie keine Veränderungsprozesse einleiten, wenn Sie nicht handeln. Das Ritual »Die »Erd- und Sonnenatmung« hilft Ihnen dabei, Ihre Vorstellungen und Visionen mit der Erde zu verbinden, ihnen die Kraft mit auf den Weg zu geben, damit sie sich verwirklichen.

Bei der Erd- und Sonnenatmung verbinden Sie den gewünschten neuen Zustand mit Ihrem Herzen, der Energie der Sonne und der Energie der Erde, sodass er kraftvoll wachsen und gedeihen kann und sich schließlich hier in dieser Welt manifestiert. Sinn des Ganzen ist es also, nicht im geistigen Prinzip, in der Idee stecken zu bleiben, sondern sich aktiv mit der eigenen erdigen Schöpferkraft und der Energie des Herzens zu verbinden, um aktiv eine Veränderung zu bewirken.

Ritual »Die Erd- und Sonnenatmung«

Gehen Sie zunächst mit Ihrer Aufmerksamkeit zu Ihrer Atmung und atmen Sie tief ein und aus. Nehmen Sie wahr, wie sich Ihr Brustkorb im Rhythmus Ihres Atems hebt und senkt und wie die Luft durch die Nase und die Luftröhre in Ihre Lunge strömt.

Vielleicht tauchen im Geiste Bilder aus Ihrem Alltag auf. Halten Sie sich nicht daran fest, lassen Sie sie wie Wolken am Himmel vorüberziehen.

Denken Sie nun an das, was Sie verankern und festigen möchten, damit es sich in Ihrem Alltag als sichtbare Realität manifestiert und zeigt. Stellen Sie sich vor, wie sich Ihr Wunsch in Ihrem Herzen ausbreitet und es ganz erfüllt.

Nun wenden Sie sich mit Ihrer Aufmerksamkeit nach unten zu Ihren Fußsohlen. Gehen Sie mit jedem Ausatmen mehr in Kontakt mit dem Boden unter Ihren Fußsohlen und spüren Sie, wie Sie getragen werden von Mutter Erde. Stellen Sie sich dann vor, dass aus Ihren Fußsohlen Wurzeln wachsen, die Sie immer tiefer und fester mit Mutter Erde verbinden. Stellen Sie sich dann vor, dass Sie beim Einatmen die erdende, verbindende und materialisierende Kraft der Erde durch Ihre Wurzeln in sich aufnehmen, und lenken Sie diese Energie zu Ihrem Herzen.

Beobachten Sie, wie sich in Ihrem Herzen die Energie Ihres Wunsches mit der Erdenergie verbindet.

Nun gehen Sie mit Ihrer Aufmerksamkeit langsam nach oben zum höchsten Punkt Ihres Kopfes. Stellen Sie sich vor, dass Sie sich von hier aus wie die Krone eines Baumes mit der Energie der Sonne verbinden, und stellen Sie sich vor, dass diese Energie durch Energiefäden von der Sonne in Sie hineinfließen.

Stellen Sie sich dann vor, dass Sie beim Einatmen die schöpferische, verbindende und materialisierende Kraft der Sonne in sich aufnehmen, und lenken Sie diese Energie zu Ihrem Herzen.

Beobachten Sie, wie sich in Ihrem Herzen die Energie Ihres Wunsches mit der Sonnenenergie und der Erdenergie verbindet.

Verbinden Sie dann diese Energie mit Ihrer Ausatmung und atmen Sie mit jedem Ausatemzug nach draußen in die Welt.

Machen Sie dieses Ritual so lange, bis Sie das Gefühl haben, dass Sie eine sichere, stabile Verbindung hergestellt haben, Sie sich entspannen können und Frieden einkehrt.

Atmen Sie zum Schluss wieder tief ein, bedanken Sie sich bei sich selbst, Ihrer inneren Weisheit und bei der Unterstützung durch die Weisheit von Mutter Erde und Vater Sonne, und beenden Sie dann Ihr Ritual.

Zum Schluss

Wenn Sie dieses Buch bis hierhin gelesen und die Rituale, Übungen und Seelenreisen gemacht haben, dann haben Sie sicherlich die eine oder andere kleine oder auch große Veränderung in Ihrem Leben angestoßen. Sie haben sich mit der Liebe verbunden und sich dem Leben geöffnet, sich vielleicht ein Stück weit hingegeben und den Weg zur Ekstase kennengelernt.

Wenn wir alles aus dem Blickwinkel der Liebe aus betrachten und mit offenem Herzen durch das Leben gehen, dann haben wir das Wesentliche verstanden. Wir haben die Liebe wieder in unser Leben geholt und sie zum Grundprinzip unseres Handelns gemacht. Wir sind wieder zur Liebe geworden und damit wieder zu Hause.

Das Paradies ist hier auf dieser Erde

In unserer westlichen, von der Kirche geprägten Vorstellung ist das Paradies der Ort, aus dem wir vertrieben wurden. Wir wurden von der Liebe Gottes getrennt und aus der Einheit in diese Welt der Polarität gestoßen. Seitdem müssen wir im

Schweiße unseres Angesichts einen mühevollen, steinigen Weg durch die Welt gehen. Erst wenn wir genügend Erkenntnisse angesammelt haben, wieder gut, geläutert und in der reinen Liebe sind, dann dürfen wir wieder nach Hause in das Paradies zurückkehren.

In manchen Stammeskulturen erzählt man sich eine gänzlich andere Geschichte: Wir wurden niemals aus dem Paradies vertrieben, und das Paradies ist auch kein abstrakter Ort irgendwo jenseits unserer Wahrnehmungsfähigkeit. Die Erde ist das Paradies. Das haben wir nur vergessen und wandern deshalb durch einen Traum, der meist eher einem Alptraum gleicht. Wir müssen uns nur daran erinnern, dass wir das Paradies nie verlassen haben, und aufwachen aus dem kollektiven Alptraum. Dann können wir sofort erkennen, dass wir immer noch im Paradies sind. Dann hören wir auf, nach einem abstrakten Zuhause zu suchen, weil wir es hier auf dieser Erde schon gefunden haben. Erkennen wir erst einmal, dass wir im Paradies sind und nicht in einem räuberischen, bösen und kalten Universum festsitzen, dann können wir alle unsere Ängste und selbst gemachten Beschränkungen loslassen. Wir können uns stattdessen der Liebe widmen und sie zur Basis unseres Lebens machen.

Selbst wenn wir uns mit der ersten Geschichte identifizieren, führt auch hier der Weg nach Hause durch die Liebe. Sie ist und bleibt das große Mysterium und der Schlüssel, um nach Hause zu kommen.

Abenteuerreise oder Langeweile, Frust und Lethargie?

Es liegt an Ihnen, wofür Sie sich in Ihrem weiteren Leben entscheiden:

- für sich selbst oder gegen den Menschen, der Sie in Ihrem Innersten wirklich sind,
- für authentische Begegnungen mit der Welt oder dagegen,
- für den Mut oder für die Angst,
- für eine aufregende Beziehung mit prickelndem Sex oder für Langeweile, Frust und Lethargie,
- für die Liebe oder dagegen.

Begleitend zum Buch ist im Arkana-Verlag eine gleichnamige CD erschienen. Dort können Sie mit vier geführten Seelenreisen weiter das Medizinrad der Liebe bereisen.

Ich wünsche Ihnen alles, alles Liebe auf Ihrem weiteren Weg, möge die Liebe immer ihr Wegweiser sein.

Herzlich
Ihr Stefan Limmer

Bücher, CDs und Adressen, die weiterhelfen

Bücher:

- Limmer, Stefan: Versöhnung mit den Ahnen, Arkana-Verlag
- Limmer, Stefan: Schamanische Seelenreisen, GU-Verlag
- Limmer, Stefan und Dietrich, Angela: Schlangenkraft und Jaguarmedizin – Schamanische Wege der Heilung, Knaur MensSana
- Villoldo, Alberto: Mutiges Träumen, Goldmann Verlag
- Meyer, Hermann: Das Grundlagenwerk der Psychologischen Astrologie, Trigon-Verlag

CD:

Limmer, Stefan: Himmlisch lieben und göttlich vögeln, Arkana-Verlag

Adressen:

Bei Interesse an der Arbeit des Autors:

- **www.schamanenpfad.de**
  Schamanische Ausbildung, Seminare, Kurse, Coaching und Vorträge
- **www.schamanentraum.de**
  Online-Shop für schamanisches Räucherwerk, Räucherzubehör, Bücher und alles rund um den Schamanismus
- **www.gesundheit-kreativ.de**
  Workshops, Online-Seminare und sinnvolle Nahrungsergänzung; 30-tägiger Online-Kurs: »Voller Kraft, Energie und Durchhaltevermögen – So erreichst du deine Ziele«

Übungsregister

Innere Reisen für ein erfülltes Liebesleben

Laufzeit 70 Minuten
ISBN 978-3-442-34709-4
Auch als E-Book erhältlich

Mit kraftvollen Seelenreisen zeigt Heilpraktiker und Schamane Stefan Limmer, wie wir auf Dauer eine auf allen Ebenen erfüllende Partnerschaft erschaffen können. Er führt uns auf auf die Seelenebene, um dort alte, oft aus dem Familiensystem übernommene Beziehungsmuster aufzulösen, unser Herz zu heilen und alle Tabus aufzulösen, die leidenschaftlichem, erfüllendem Sex im Weg stehen.

arkana
AUDIO

Wie wir die Beziehung unserer Träume erschaffen

160 Seiten. ISBN 978-3-442-34203-7
Mit transformierendem Audio-Training.
Auch als E-Book erhältlich

Viele Menschen ahnen gar nicht, wie viel mehr Liebe, Nähe und Beziehungsglück das Leben für sie bereithält. Deutschlands bekannteste Paarcoaches Eva-Maria und Wolfram Zurhorst zeigen, wie jeder dieses unerschöpfliche Potential entfalten kann – egal ob als Single oder in Partnerschaft lebend.

arkana